日銀の金融政策は、なぜ効果がないのか？中央銀行がわかれば世界経済がわかる

増田悦佐 Etsusuke Masuda

ビジネス社

はじめに

読者のみなさんは、中央銀行ということばにどんなイメージをお持ちでしょうか。

私の勝手な推測を言わせていただければ、「政治家は有権者におもねり、官僚は納税者にへつらって怪しげな政策を推進したりする場面でも、こうした生臭い権力の世界からは一歩身を引いて、世のため、人のために、金融市場を安定させようと慎重で誠実な努力を続けている機関」といったかなりポジティブな印象をお持ちではないでしょうか。

実は、そういう方にこそこの本を読んでいただきたいのです。中央銀行ほど表向きの立派な姿と実態とがちがう組織も、めったにないと思います。といっても、「連邦準備制度は、実はどこの誰それの手先だった」というような陰謀論は、この本には出てきません。

中央銀行は世界中のほとんどの国で弊害が多いとして禁止されている独占を、通貨供給の分野で公認されている組織です。そして、この特権を認めていただいているお礼に、政治権力を握る国王や大統領や国会議員や高級官僚、経済的に有利な立場にある一流企業や大手金融機関や大金持ち（つまり知的エリートの方々ですね）は得をし、庶民は損をする世界をつくり出し、維持しています。

中央銀行の「ご恩返し」の方法は、時代の変遷とともに変わってきました。近代中央銀行にとっては、植民地支配のための資金調達が戦争のための資金調達になりました。さらに最近では、そうそう大戦争を起こすチャンスもないので、「慢性インフレの世の中のほうが、庶民にとっても幸せなのだ」と言いはじめています。インフレこそ、国、一流企業、大手金融機関、大金持ちといったいつでも、いくらでも、何回でもカネを借りられる組織や人に有利で、自由にカネの借りられない庶民には不利な仕組みなのですが。

中には「毎年2％以上のインフレが続くことを物価安定というのだ」と定額の収入をなんとかやりくりして生きてきた人たちが聞いたら、カンカンに怒りそうなことを平然と口にする中央銀行総裁も出てきました。これはけして、中央銀行が「もう、本音を吐いても大丈夫だろう」とタカをくっているということではないでしょう。

「物価の番人」という建前と、慢性インフレの維持という実態の開きが大きくなりすぎて、立派な建前を主張しつづける余裕がなくなっているのだと思います。崇高な目標を掲げながら、実は金持ちをますます豊かに、そして貧乏人をますます貧乏にしてきた中央銀行の正体がばれ、彼らの権威が地に墜ちる日も近いのではないでしょうか。

第1章　中央銀行の起源

第2章 国や時代によって中央銀行のありかたも変わる

第3章 中央銀行とはいったいなんだろう？

第4章 世界各国中央銀行の現況

第5章　中央銀行は人類にとって必要か？

第1章

中央銀行の起源

Q 中央銀行とはなんでしょうか？　その役割は？

A

これには明快な解答があります。

中央銀行とは、通貨発行の独占権を与えられた団体のことです。それが国に直属している組織であるか、私企業であるかというのは枝葉末節の問題です。一番大事なのは「通貨発行を独占する」というところにあります。

世の中が近代市民社会になり、市場競争経済が主流になっていくと、独占には弊害があるということは、誰が見てもわかることです。ですから、国だったり、皇帝や国王が与えた独占権に基づく独占も、市場で一番強い業者が他の業者を破綻させたり、吸収合併したりしてのし上がった独占も、いずれにせよ悪いことだという観念は、近代以降、急速に普及していきました。

独占の一番の問題点は、競争がなくなることです。競争がなくなると、組織、企業は自分たちにとって、利益が一番大きくなる量を市場に供給するようになります。市場経済で需給が均衡するのは、需要者と供給者が、このあたりなら折り合うというところで価格がつくからです。しかし、その価格は、実は企業にとっての利益最大化の供給量ではありません。企業は、もう少し供給量を低くしたほうが高く売れ、そのほうが利益は上がります。市場を独占している企業なら、価格の設定も企業の思うままです。これが独占の弊害です。

独占は悪いことだというのは、ほとんどの分野で広く認識されています。ですから、独占というのは市場競争の中で急速に消滅していくものもあり、市場競争で消滅しないものは、アメリカであれば独占禁止法、日本であれば公取法によって排除されるようになっています。

ところが、唯一、独占権が残っている分野というのが、この中央銀行なのです。

なぜ残ったかというと、以下が御用学者の公式の説明です。

通貨をあちこちで発行していたりすると、怪しげな業者が発行している通貨と信頼できる業者が発行している通貨が同じように市場に流通するので、紛らわしい。発行体が怪しげな業者だった場合、突然、その通貨の価値がゼロになったときに消費者がたいへん困る。だから、通貨の発行は独占に委ねたほうがいい。

といったことを言うのですが、これは明らかにウソです。

実際に通貨発行権が独占されていなかった時代は、多くの金貸しや、金細工師などが、ごくごくプライベートなかたちで、いまで言えば通貨にあたるものを発行していました。これには種類が二つあり、一つは金や銀といった貴金属の預かり証です。金や銀を預かっていますから、いつでもご請求次第、金や銀の現物と、この紙切れを交換いたしますという、保証がついたものです。二つめとしては、借用証というかたちです。私はあなたに金を借りたので、ご請求があれば、いつでもお返ししますというものです。

当然のことながら通貨は大事なものですから、金や銀の担保の裏付けがあるもののほうが普及しました。金貸しや金細工師の発行している私的な通貨の中でも、だいたい生き延びたのは、金銀の担保価値の裏付けのあるものでした。あちこちで金細工師が、それぞれに自分の通貨を発行していてもなんの問題も起きませんでした。

なぜ問題が起きなかったかというと、まさにそこに市場競争原理が働き、市場ではいろいろな情報が急速に伝わります。あそこの金細工師は見かけこそ立派だが、実は経営が危ないといったことは、すぐにみんなに知られてしまいます。そういう怪しげな金細工師の発行している通貨は、割引されて流通することになります。

しっかりとした担保があって、いつ請求してもきちんと金銀の現物を返してくれるところは、きちんと額面通りの通用をするということで、市場原理はなんの問題もなくさまざまな金貸しや金細工師の発行する通貨に対応できていたのです。

にもかかわらず、なぜ通貨発行の独占権を中央銀行に与えるようになったかというと、簡単にいえば、国と独占を許された金融業者が儲けたかったからです。それ以外の理由はありません。

Q 中央銀行の起源は？

A

最初の近代的な中央銀行はイギリスのイングランド銀行で、最初の現代的な中央銀行はアメリカの連邦準備制度（Ｆｅｄ）です。

イングランド銀行は「スレッドニードル街の老婦人」、もう少しくだいた訳し方をすれば「縫い針横丁のおばあちゃん」とも呼ばれています。ごく親しみのある、しかも名前からしてたいへん保守的な感じのする組織にも見えます。

しかし、イングランド銀行の設立経緯には、なかなかおもしろい話があります。清教徒革命（１６４１～１６４９年）から名誉革命（１６８８～１６８９年）にかけてイギリス国内で国王派と共和派が、政治、軍事、経済すべてに及ぶものすごい大闘争を演じていたころに、共和派の資金調達機関としてできたのがイングランド銀行なのです。現在の保守的なスタンスからは想像もつきませんが、イングランド銀行は王政と闘っていた共和派の資金調達機関として出発しました。

では、なぜイングランド銀行が、いまやイギリス王室の信頼を受けた勅許状独占で通貨発行権を持っているのでしょうか。これはほんとうにひょうたんから駒というか、偶然にもうまくいったことが歴史的な遺産として残ってしまったというのが実情です。

1720年、イギリスとフランスで同時に大きなバブルが発生します。イギリスで発生したのが「南海の泡沫」と呼ばれているサウスシー・カンパニー、フランスで発生したのがミシシッピ会社、この2社の株価がほぼ同時に急騰し、暴落したのです。その当時、フランスが北米大陸に持っていた植民地は、いまのアメリカで言えばルイジアナ州から、ミシシッピ川の中・下流域一体、そして北上してカナダにかけてのかなり広大なものでした。イギリスの13州植民地よりも、広大な植民地を持っていたのです。そのミシシッピ流域からの産物や金属を独占的に供給する権利を持っていたのがミシシッピ会社です。投機的な思惑が高じて、ミシシッピ会社の株価がものすごい高値になっていきます。

イギリスのサウスシー・カンパニーは、名前からして具体的な固有名詞の地名が出てこない、いかにも怪しげな会社に見えます。フランスのミシシッピ会社に乗っかった便乗バブルだったと思われがちですが、実はちゃんとした儲けになる独占権を持っていました。

勅許状独占という国王に許可状をいただいて行う独占で、イギリスにはその当時、三つの大きな独占企業がありました。一つが東インド会社。インド大陸を侵略して、植民地として経営し、そこからの収益を上げる会社です。

二つめが、当初は共和派の資金調達機関として出発したけれども、王党派が清教徒革命、名誉革命で非常に弱体化していたときに、国全体の通貨発行権を既成事実として独占してしまったので、王党派がしぶしぶ認めているイングランド銀行。

三つめが南海会社（サウスシー・カンパニー）です。当時、イギリスがいくつかの王位継承戦争でスペインに勝ち、スペインが新大陸の植民地で使う奴隷を独占的に供給する権利を戦後の和平交渉の中で獲得しました。このイギリスが獲得した権利をアシエントと言いますが、この権利をイギリス国王が勅許状による独占権として渡した相手が、南海会社だったのです。もっと具体的に言うと、アフリカから連れてきた黒人奴隷を新大陸のスペインの植民地に供給する権利を独占する会社です。

アシエントとは、スペイン語で「契約」を意味し、王室がある特定の個人や団体に徴税や貿易などの独占権を与えることです。

この南海会社は実に儲かりました。なかなかえげつない商売ですが、儲かる。多くの方が、サウスシー・カンパニー・バブル（南海会社の泡沫）と聞くと、バブルがふくらんで破裂した後は、すぐ消滅したものだと思っているようですが、まったく違います。サウスシー・カンパニーの株価を見ると、そのことがよくわかります。

サウスシー・カンパニーの株価は、１７２０年に急騰して、急落します。これで会社自体が潰れたと思いがちですが、18ページ下段の図を見れば、その後も安定して利益を出し続け

南海会社の株価推移、1719〜21年

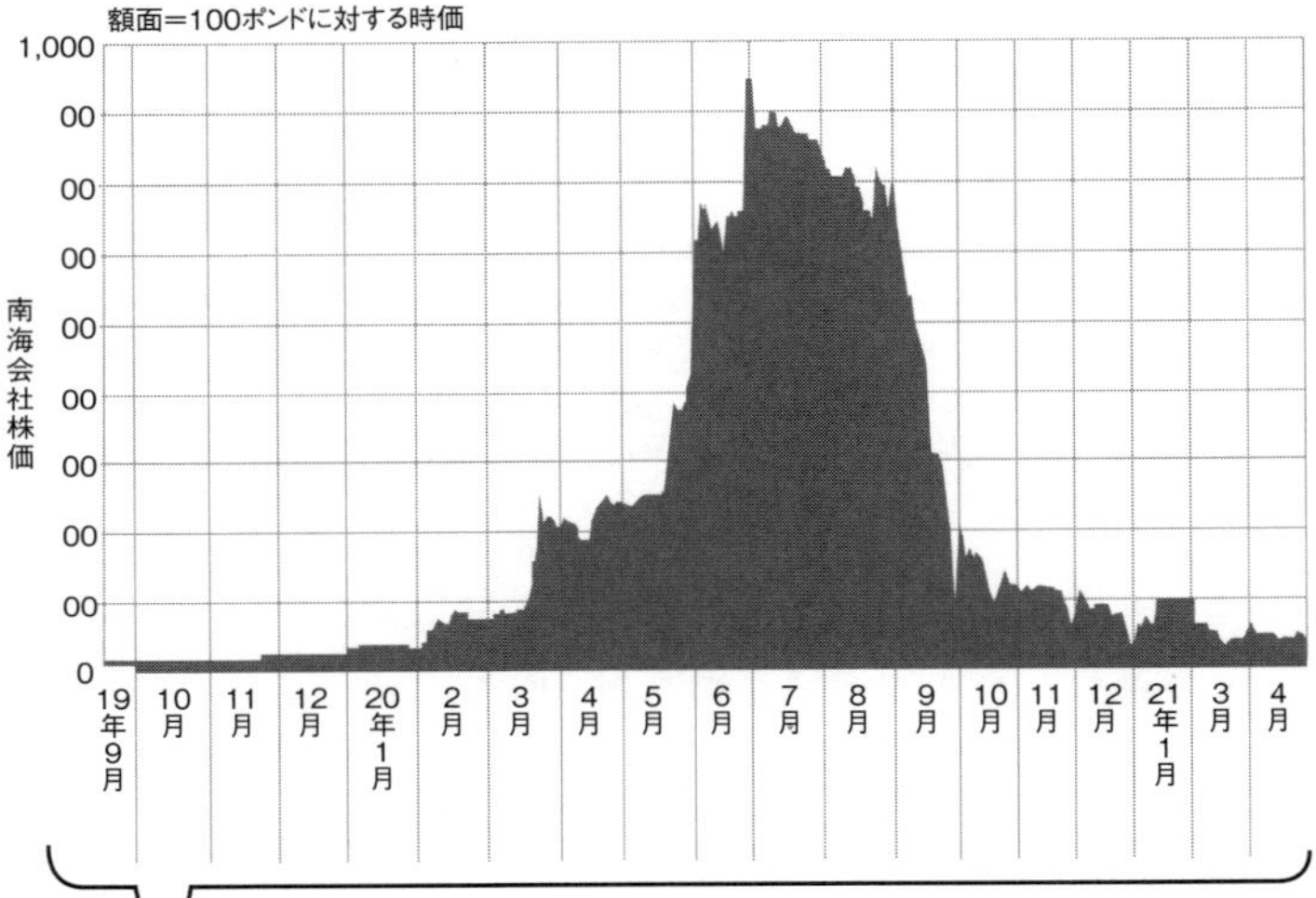

南海会社の株価推移、1719〜21年

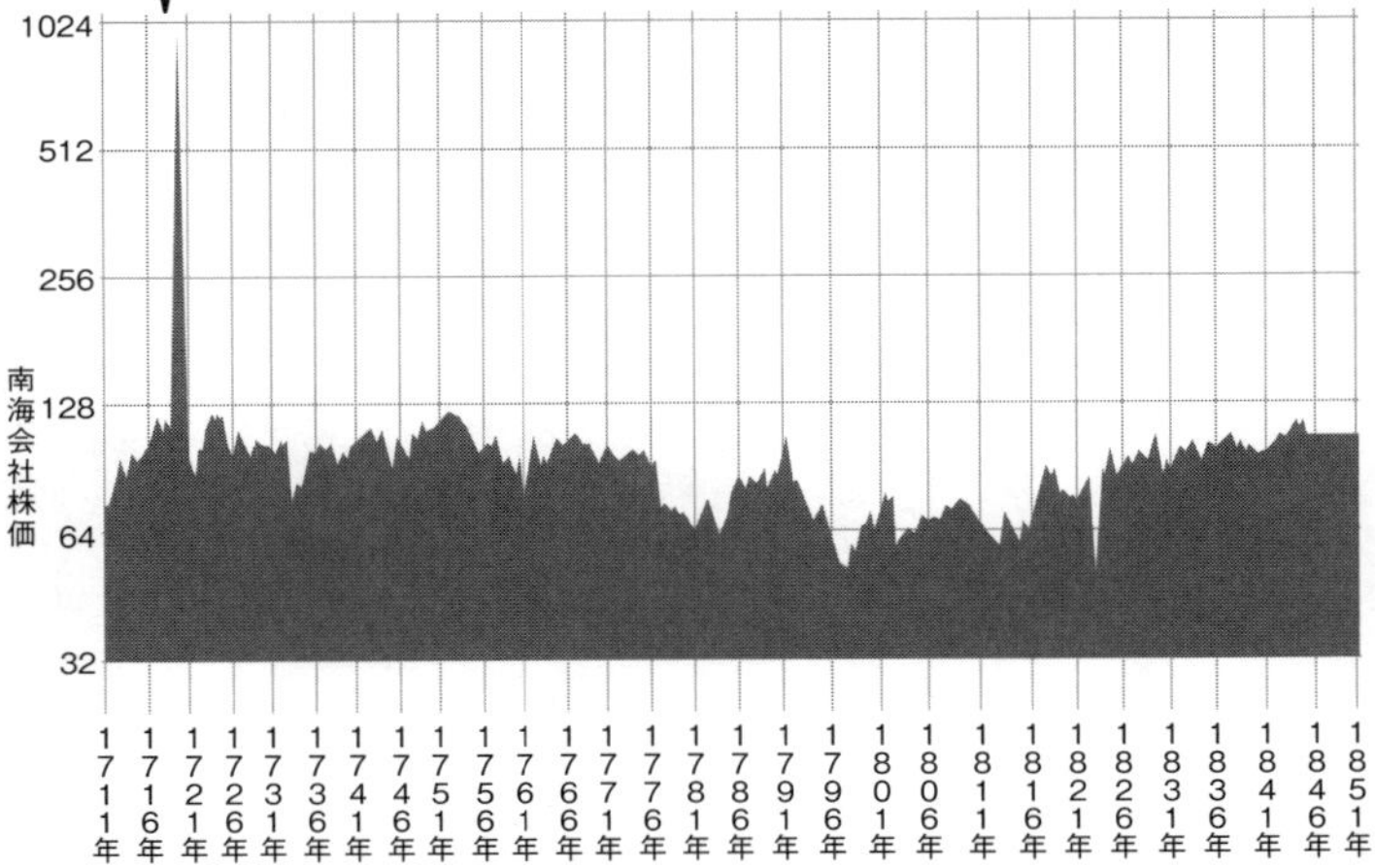

出所：ウェブサイト『The Big Picture』、2013年9月5日のエントリーより引用

ていた会社だということがはっきりわかります。ちなみに、1720年には英仏経済全体がバブルのまっただ中だったので、イギリスの3大勅許状独占会社のうち東インド会社もイングランド銀行も、上昇・下落の幅は南海会社ほど派手ではありませんが、急騰後の暴落という、似たような動きをしています。

とくに、みなさんがほとんどご存じない1721年以降の株価の動きにご注目ください。1700年代末から1800年代初めにかけて、アメリカ独立戦争やフランス革命の影響で少し下がった時期はありますが、それ以外では非常に安定した株価を維持しています。スペインの植民地に黒人奴隷を供給する独占権をイギリスが持っていたので、十分儲かる商売として、延々と続いていたのです。

同時期にバブルとなったフランスのミシシッピ会社は、王立銀行であるバンクロワイヤルと合併させられ、王立銀行もろとも完全に破綻しました。「南海の泡沫」という話から、多くの人がバブルの崩壊と同時にサウスシー・カンパニーが潰れたと信じているのは、このためだと思われます。ミシシッピ会社とイメージが二重写しになっているのでしょう。

イギリスはその後、ヒューマニズムを掲げて、奴隷商売はよくないというようなことを言いだします。昔植民地として持っていたけれども独立されてしまったアメリカ合衆国には延々と奴隷を納入してぼろい儲けを出していながら、イギリス国内では奴隷の存在を許さなくなります。こういう表面的でご都合主義的な「ヒューマニズム」の立場からは、スペインの植民地に毎年奴隷を送り込んで巨額の儲けを出しているのはさすがに大っぴらにはやりにくいというので、サウスシー・カンパニーは一種の公然の秘密になっていたのです。

ここまでサウスシー・カンパニーの話をしてきたのは、このように独占権を与えられた企業なり組織は、必ず悪いことをやるとお伝えしたかったからです。

Q 大学で近代西欧経済史の授業を受けていても、ほとんど聞かないようなお話ですね？

A そうですね。いまでも経済史を専攻する学者の大多数が「近代ヨーロッパの諸国民が自由、平等、民主主義の理想を掲げて、中世的な迷妄と闘ったからこそ、世界経済も急速に効率化した」といった、ヨーロッパ文明の明るい面ばかり強調したがる人たちですから。

勅許状独占によって侵略したインドを植民地にしてぼろ儲けをした東インド会社や、スペインの植民地に黒人奴隷を送り込んでぼろ儲けをしたサウスシー・カンパニーに比べれば、イングランド銀行の儲けの度合いは小さいといえます。結局は、地味な通貨発行権の独占で儲けていたイングランド銀行が残りました。多くの中央銀行は、暗い誕生の秘密を持っている組織なのです。

Q 現代初の中央銀行、アメリカの連邦準備制度の誕生経緯は？

A

先ほど、最初の近代的な中央銀行はイギリスのイングランド銀行で、最初の現代的な中央銀行はアメリカの連邦準備制度だと言いました。その意味を説明します。

アメリカには王室はありません。ですから、勅許状独占もありません。中央銀行を設立するにあたっては、要不要の議論が議会にかけられ、大統領府で決断するというプロセスが必要です。そのプロセスの中で、アメリカの中央銀行は何度もつくられては潰れ、つくられては潰れていったという歴史があります。

最初にできた第一国立銀行（第一合衆国銀行　1791～1811年）は当時、国務長官だったトマス・ジェファーソンが潰します。その主な理由は「北部の金融産業資本が南部の奴隷農場の農園主を支配するための道具として使われるから、中央銀行には絶対反対だ」というものでした。

ジェファーソンは、第一国立銀行が設立された1791年には、早々とこの銀行の設立に反対する公開書簡を出しています。7条からなる反対条項の多くは、中央銀行の仲介でアメリカの土地や家畜や黒人奴隷が外国人の手に渡る危険があるという、いかにも巨大農園主らしいものですが、その中で最後の第7条は注目に値します。「国家の権威のもとに銀行業を独占する権限を与えることになるが、これは独占を禁じた法の精神にもとる」と主張したのです。

その次は、1817年に第二国立銀行（第二合衆国銀行）が中央銀行として公認されます。ただし、初めから公認期間は20年間だけと限定されていて、1836年に更新するか、しないかを連邦議会で検討する必要があるということになっていました。つまり第二国立銀行は仮免許で営業していたわけです。

この時の大統領はアンドリュー・ジャクソン（大統領任期は1829～1837年、1767年誕生、1845年死亡）です。ジャクソンは正規の教育をほとんど受けておらず、インディアンの居留地に行っては略奪をして成り上がった人間です。インディアンを大量虐殺し、「善良なインディアンなんていうものは存在しない。よいインディアンというのは死んだインディアンのことだ」とうそぶいたとんでもない乱暴者です。

このジャクソンが、中央銀行に対するスタンスだけは、なかなか立派なことを言っています。「通貨発行権を特定の組織に独占させたりしたら、必ずぼろ儲けをして、悪いことをやるに違いない。俺が生きている限り、絶対そんなことは許さない」と言い放ちました。アンドリュー・ジャクソンは無学で乱暴な男ですが、この発言によっていまだにアメリカ国民の間に人気があります。

これがなにを意味しているかというと、比較的公平で公然たる議論の対象とされるには、中央銀行というのはあまりにも薄暗い問題を抱えているので、設立が難航する組織だったということです。ここには、「独占組織は必ず悪いことをするものだ」という一般論に加えて、中央銀行の職能にはなにかをすると決めてから実施するまでのあいだは、絶対に秘密を厳守しなければならないことが多いという、まっとうな理由もあります。

たとえば、中央銀行が利上げをするとか、利下げをするとか決めたとします。実行するまでほんの短い期間、2～3日しかなかったとしても大きな資金を持っている金融機関などがこの情報を事前にキャッチしたら巨万の富を得ることができます。

結局、第二国立銀行もアンドリュー・ジャクソンの通貨発行独占権を拒否するという大統領命令で潰されました。

Q なぜアメリカの中央銀行設立はそこまで紛糾したのでしょうか？

A

ヨーロッパではほとんどの国が中央銀行の制度を採用していきます。それらの国の多くが中央銀行設立当時は立憲君主国だったので、水戸黄門の葵の御紋の印籠のような勅許状独占で中央銀行が設立されていきます。ですが、初めから君主のいない共和国連邦（アメリカの各州は、独立直後にはそれぞれが独立国と見なされていました）だったアメリカでは、これが通用しません。

では、アメリカでは通貨をどうしていたのでしょうか。これがまた複雑で、金《きん》を単一本位にするか、金銀複本位にするかで、すさまじい論争がありました。アメリカは昔から太平洋を通じて中国ともかなりの貿易がありました。中国はそもそも銀本位制の国ですから、西海岸の貿易業者は銀本位のほうがいいわけです。東海岸側は、ヨーロッパとの交易が主です。そのころには金本位でヨーロッパがほぼ統一されていたので、金本位がいい。そこで金本位にするのか、銀本位にするのか、金銀複合本位にするのかという大論争がありました。この論争が盛んだった19世紀後半の中央銀行がなかった時代には、アメリカでは財務省が中央銀行の任務を兼任していました。

話は少しそれますが、いまだに世界中あちらこちらで金融政策がうまくいかないのは、「そもそもその国の大蔵省や財務省にあたる機関と中央銀行に利害相反があり、統一的な金融政策ができないからだ。大蔵省なり財務省なりに一括させたほうが金融行政はうまくいく」と主張をする人たちがいます。これは独占権をもっと強固にしようという主張にすぎません。現在の経済学の主流は、アメリカの独占資本や国家に完全に丸め込まれてしまった連中で、独占がいいことだというイデオロギー教育を受けた人が多いからです。

それはさておき、財務省が中央銀行の任務を兼任していたころ、銀本位制、少なくとも金銀複本位制の採用を主張していたウィリアム・ジェニングス・ブライアン（1860～1925年）という人物がいます。有名な演説名人で、大統領選にも3回出馬した民主党の「草の根」派の大立者です。ウッドロウ・ウィルソン大統領（任期は1913～1921年、1856年誕生、1924年死亡）の時には、国務長官を務めた民主党の中でも指折りの有力者でした。

この金銀複本位制は、どう考えてもうまくいかないシステムです。金と銀にはそれぞれの価値があり、それぞれの値段がつきます。金1単位を買うのに銀何単位が必要か、常に変動しているのです。だから、金銀複本位制にすると、ものすごく複雑な仕組みが必要になります。それは実用的ではありません。そもそも夢物語にすぎないような制度なのです。

ただし、金本位制にするか、銀本位制にするか、複合本位制にするかという議論をしていた時代は、中央銀行や政府が発行する紙幣は借用証ではなく、金銀の預かり証でした。現代のように完全な不換紙幣になってしまった時代に比べると、価値保全能力がはるかにに高い通貨でした。

ところが20世紀入った直後の1907年、アメリカで金融資本大手がかなり強引に立ち回ったことも一因となって、大きな不況が引き起こされました。その大不況の直後の1910年に、J・ピアポント・モルガンが所有するジョージア州のジキル島といういかにも怪しげな名前の島で秘密会議が行われます。その秘密会議で決定された事項がほぼそのままのかたちで草案となり、どさくさにまぎれてごくごく少数の人たちによって強引に設立されたのが、連邦準備制度（Fed、FRBという略号も使われている）でした。

Q　連邦準備制度の設立を企画したのはアメリカ人ではなく、イギリスの金融資本だったという話を耳にしたことがありますが、ほんとうでしょうか？

A

アメリカでは、いまでもこのジキル島の秘密会議の構成メンバーについて論争があります。J・ピアポント・モルガンをはじめとしてアメリカ人として金融業界の大物にのし上がった連中が主導した陰謀だったのか、それともJ・ピアポント・モルガンその人でさえ、実はイギリスの金融資本家一族ロスチャイルド家の番頭か手代のような存在にすぎず、イギリス金融資本主導の陰謀だったのかという論争です。もちろん、古典的なアメリカの愛国主義者にとっては、「アメリカ人が設立した組織なら悪いことをするはずがない。イギリスの金融資本に牛耳られている組織だからこそ、あんなに悪辣なことをやりつづけているのだ」というのは、意味のある問題設定でしょう。

しかし、英米両国の国民以外にとっては、アメリカの金融資本主導であれ、イギリスの金融資本主導であれ、実際に連邦準備制度が実施してきた政策にはほとんど変わりがなかったことは自明でしょう。それでも、執拗に「J・ピアポント・モルガン＝ロスチャイルド家の番頭」説が流され、そこを解明したら連邦準備制度の悪事の数々にも納得のいく説明がつくと考える人たちが英米両国以外にも存在しつづけているのですから、ほんとうに陰謀説の好きな人は多いのだなあと感心します。

こういうお話をすると、それでもJ・ピアポント・モルガン＝ロスチャイルド家の番頭説にこだわる人たちは、「いや、ロスチャイルド家はたんにイギリスの金融資本というだけではない。彼らはユダヤ系だから、ユダヤ人の世界征服計画の一翼を担っている。だからこそ、連邦準備制度がアメリカの金融資本のためにつくられたのか、イギリスのユダヤ系金融資本のためにつくられたのかはゆゆしき問題だ」と言いだします。

こういう発想をする人たちにはお気の毒ですが、実際の社会はある人が特定の人種や民族に属していれば悪の権化で、別の人種や民族に属していれば正義の味方だと割り切れるほど簡単なものではありません。金融資本の利益を代弁する人たちに通貨発行権を独占させることの弊害は、その特権を行使する人の人種や民族次第で、世のため、人のために役立つとか、悪用されて悲惨な状態になるとかというものではないのです。

1913年に設立されたこの連邦準備制度は、ほんとうに小手先のまやかしの集大成みたいな組織でした。「アメリカ全土に12の連邦準備銀行という銀行を設立するので、これは独占ではありません、安全です」と名目上は謳《うた》っています。実際に、あらゆる額面の米ドル札のシリアルナンバーの左から2つめのアルファベットは、連銀12行にAからLまでの文字をあてがって、この札はどこの連銀が発行したものかがわかるようになっています。
しかし、これはまったく意味のない話です。実は連銀の頭取は、すべて連邦準備制度理事会が任命するのです。その連邦準備制度理事会は、金融業界の親玉たちの互選で選ばれます。選挙で選ぶわけでもなんでもありません。大統領には一応、形式的な任命権がありますが、実は金融業界の言うなりに承認させられています。

はっきり言ってアメリカの連邦準備制度は、中央銀行という組織が実は政府に送り込まれた金融機関の利益代表であることを一番よく表している制度だと私は思っています。だからこそ、小手先の細工をして、「連邦準備銀行は12行あるから、単一の中央銀行でもないし、独占じゃありません。安心してください」などと言うわけです。

アメリカという国そのものが、植民地利権でできあがった社会なので、独占権に対する敏感さが、他の国とはまったく違います。「独占ができればぼろ儲けできるし、そのぼろ儲けをするヤツらが自分たち以外に存在することは許せない」と考える人たちが大統領府にも議会にもたくさんいました。また小規模自営農や徐々に増えていた工場労働者たちも、独占の弊害は身にしみていたので、なかなか正面から「通貨発行権を独占しますよ」と主張する中央銀行が設立できなかったというだけのことです。

大手金融機関や勃興しつつあった巨大産業資本家たちのそれぞれの利害にやっと折り合い

がついたのが、19世紀末から20世紀初めの、特に1907年の大恐慌のときでした。期間は短かったのですが、直後のインパクトとしては1929年の大恐慌と同等か、それ以上の強烈なインパクトのあったパニックでした。

当時、アメリカで一番有力な金融業者だったのが、J・ピアポント・モルガン、先ほども出てきた秘密会議の開催場所として自分が持っていた島を提供した人物です。1907年のパニックについては、「もし放置していれば深刻な大不況に発展していたかもしれない恐慌の蔓延を、モルガンが独力で防ぎとめた」という伝説がたちまちまことしやかに流布しました。

「モルガンが世界中に金融危機が蔓延するのを防がなかったら、アメリカは大不況で惨憺たる目にあっていたはずだ。しかし、モルガンのような偉大な人物が必ず居合わせてくれるとは限らない。だから金融機関の総元締めとして、世界に蔓延しそうな危機を防ぐ組織がなくてはいけない」という世論を、アメリカのマスコミや議会に浸透させていきました。そして、議会の中には頑固な反対派もいましたが、なんとかどさくさに紛れて連邦準備制度の設立にこぎ着けたのです。

Q 連邦準備制度が設立されて、アメリカはどうなったのでしょうか？

A

簡単に言うと、金利も債券価格ものすごい乱高下を起こし、慢性的なインフレになってしまいました。これが連邦準備制度の誕生以前と以降の最大の差です。

連邦準備制度が設立される以前、インフレ率がかなり急上昇したことも、たしかにありました。ただその後には、必ずデフレがあって、埋め合わせがされていました。全期間を通じて43％がデフレで、57％がインフレです。ほんのわずかにインフレ気味という程度ですんでいたのです。

ところが1913年に設立が決まり、14年に開業した連邦準備制度のもとでは、どういうことが起きたか。デフレがほとんどなくなってしまったのです。全体としてインフレばかりです。グラフ（P32）を見ていただくとわかります。1915年までは基本的にX軸にペタッとくっついていたものが、連邦準備制度ができてからは、急激にインフレが進みます。インフレが進んだということは、通貨価値がどんどん下落していったということです。

このグラフに「通貨の番人」、あるいは「物価の番人」を自称している連邦準備制度が、実際になにをやったかということがはっきりと示されています。

貨幣制度とインフレ、1775～2013年
Fedの創設前には、デフレが頻発していた

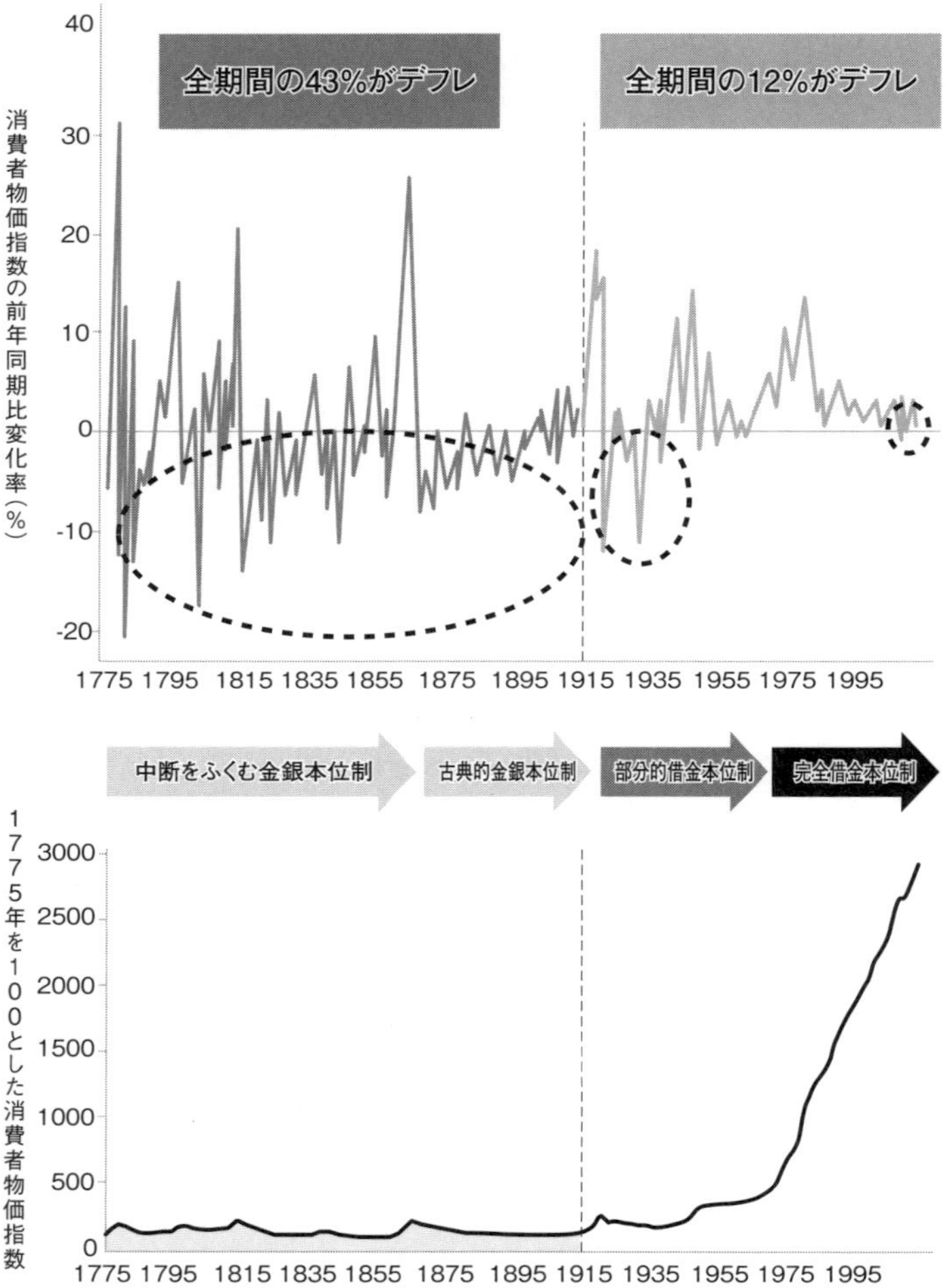

出所：ウェブサイト『Things That Make You Go Hmmm』、2014年1月27日のエントリーより引用

単刀直入に言えば通貨発行量が多すぎるのです。では、なぜ多すぎるのか。これが問題です。当然のことながら、インフレを起こすと得をする人たちがいるからです。インフレを起こすと得をする人たちのほうが、社会経済、政治的に地位が強い。その人たちに媚びたほうが、中央銀行としても権威が保て、安泰だからです。また、ぼろ儲けのおすそ分けも入ってきます。そういう話です。

簡単に言ってしまうと、インフレとは借金を多くすればするほど、得になるシステムです。これはどういうことかと言うと、借金というものは必ず額面で、たとえば、いま１００万円借りておいたら、返済期限がきたら１００万円返すという仕組みです。

ごくまれにインフレ条項といって、借金をしたときから返済期限時のインフレ率を掛けて実質価値で同額を返すという契約もありますが、これはほんとうに例外的なものです。だいたいの金銭貸借契約は、額面でやりとりが行われるわけです。

では、インフレが起きるとどうして借り手側が得をするのでしょうか。年率2～3％程度のインフレであっても、30年、50年の長期借り入れをしてしまえば、借金を返すときには、実質価値は半分になったり、3分の1になったりします。そういったことが平然と起きるわけです。そうすると、元本の返済負担が実質ベースで減った分だけ借りたほうは得をします。

自分が借りたいときに借りたいだけの金額を常に借りられるのは、巨大な組織か大金持ちしかいません。たとえば国、あるいは大手金融機関、一流企業、あるいは大金持ちで、金を借りる必要などまったくない人たちには、銀行は安心して貸します。いつでもいくらでも、何回でも借りることができるわけです。

庶民は、全体として借り手ではなく、貸し手なのです。零細な貯蓄は持っているけれども、めったに金は借りられない。たまに借りられるとすれば、それは戸建て住宅や分譲マンションを買ったときに、その買った物件を担保にして借りられるだけです。無制限に金を借りられるわけではありません。

無制限に金を借りられる人たちと、そうはいかない人たちを比べると、一方は圧倒的に社会的な強者で、もう一方は圧倒的な社会的弱者です。強者の味方をすると、どうしてもインフレを人為的に起こしたくなってしまうのです。それを正直に行っているのが、アメリカの連邦準備制度であり、欧州中央銀行であり、日銀なのです。

身も蓋もない話ですが、金融とは、しょせんは金貸しです。中には正直に「きちんとコツコツ、借りた金利と貸した金利の利ざやが抜けていれば、それで我々は満足です」という金融機関もないこともありません。彼らは地道に中小企業や困っている個人に融資をし、社会的に立派な役割を担っていますが、これでは大した儲けにはなりません。借りた金利と貸した金利との利ざやだけではなく、元本を返済するときに、元本が目減りしていればぼろ儲けができると思う人たちが、金融業界の中でのし上がっていくわけです。そちらに味方をしたほうが、誰が考えたって得です。

というわけで、世界中の中央銀行は、口先では「物価の番人をします」と言っていますが、実際には慢性インフレを起こし続けているわけです。

Q 近代の中央銀行と現代の中央銀行の大きなちがいは？

A 近代初の中央銀行であるイングランド銀行の成立過程について再度確認しましょう。

イギリスでイングランド銀行が通貨発行権を独占したのは、立憲君主制という政治的な枠組みが固まりつつあった時期です。１６４８年の清教徒革命、１６８８年の名誉革命を経て、やっと国王と議会との間の役割分担みたいなものが徐々に形成されつつあった時期に、イングランド銀は成立しました。

イングランドの立憲君主制は、近代のさまざまな政治的な枠組みの中でも、かなりうまくいっていました。その最大の理由は、立憲君主制の下での王様の権力が比較的弱かったからです。当時の国王は、イングランドで地元に根を張っていた貴族の中から選ばれた人ではなく、小さな王国に分裂していたドイツの中でも割と小さめのハノーヴァー公国という、はっきり言って田舎の小さな国の王様、いわば雇われマダムだったのです。ハノーヴァー家（イギリス王朝としての存続期間は、1714～1901年）がイングランド国王になったということが大きかったと思います。

その雇われマダムという立場は、オーナーではないのであまり差し出たことをやって文句を言われても困るし、一生懸命やって国をなんとかよくしたいと思う義理もない、割と気楽な立場です。その国王の下で、イギリスは議会がどんどん力を持っていき、結果的にうまくいった。

ただ、形式上は国民の意思を反映した国会に制約はされるけれども、政治制度としてはあくまでも君主制です。なにかとんでもない事態が発生したとき、いったいどちらが最終責任を追うのかというところがあいまいになっています。言ってみれば無責任体制です。実は世の中には、誰かが責任をきちんと取る体制よりも、無責任な体制のほうがいいことがいろいろあります。

さまざまな仕事の中には、やればやるほどいいというものではなく、どちらかといえば机に座ってアクビでもしていればいい、ほとんどなにもすることがない状態のほうが望ましい仕事というものがあります。具体的な例として言えば、警察の犯罪捜査や消防、救急の仕事など、そもそも事件や事故が起きず、警察や消防がまったくなにもすることがないほうが、世の中は平和で国民も幸せです。軍備も、まさにその典型ですね。

誰も責任取りたがらないから、なるべく仕事をしないようにというシステムが世の中全体に浸透しているときにハノーヴァー朝が、入り婿ないし雇われマダムとしてイギリスに入ってきました。議会はなにか悪いことが起きたら国王に責任を押しつければいいと思っているし、国王は悪いことが起きたら議会に責任を押しつければいいと思っているので、誰も積極的に動きません。

実は中央銀行の役割も同じです。中央銀行というのは、なにもしないでいても世の中がうまく回って、経済が順調に発展していれば、それが一番いい状態なのです。そもそも中央銀行が一生懸命に行動しなくてはいけない状態は、むしろ不幸な状況なのです。

立憲君主制で国王が雇われマダムの場合には、その通りですみます。「中央銀行がなぜあんなに権限を持っているんだ?」とうるさく言う人がいたとしても、「国王のお気に入りだから、特権があるのは仕方がない」というあきらめ方をする人もいれば、一方で「国会が管轄していることだから、国王の口出しできることではない」という人もいる。なんとなく無責任のまま、仕事をほとんどしないでいても許されるという状態でした。

一般的な印象として、「国民が投票して議会や大統領を選ぶ制度は、だいたいにおいて君主制よりはマシだろう。民意が政治に反映されるからいいだろう」と、みなさん思っていることでしょう。これは正しい認識だと私も思いますが、国の機関としてやらなくてもいいことをやりすぎる傾向があるという点では、明らかに欠陥のある制度なのです。

どういうことか。アメリカが一番いい例です。アメリカが中央銀行の設立そのものについてこれほどに揉めたのは、中央銀行ができれば特権を持つことはわかりきっているからです。その特権を誰に与えるかは、国民の投票で選ばれた大統領が、国民の投票で選ばれた議会の承認を得て決めます。特権が与えられる人物は、最終的には国民の中から選ばれますが、選ばれなかった他の国民は損をすることになります。

なお、この「中央銀行総裁は自国民の中から選ぶ」という原則も、最近ではかなり怪しくなっています。現在のイングランド銀行総裁は、カナダ中央銀行総裁としての実績が認められた、マーク・カーニーというカナダ人です。この人は、カナダ中銀の総裁になる前は、ゴールドマン・サックスのロンドン、東京、ニューヨーク、トロントといった重要拠点でバリバリ稼いでいました。欧州中央銀行（ＥＣＢ）総裁のマリオ・ドラギもゴールドマン・サックスの優秀な社員でした。このへんにも、中央銀行総裁とは政府に送り込まれた金融機関の利益代表であるという事実をあまり隠ぺいする必要を感じなくなった、世界中の金融業界のおごりが見えてくるような気がします。

Q なぜそこまで露骨に金融機関のほうを向いた中銀総裁人事がまかりとおるのでしょうか?

A

とにかく高給を取っているからには、自分でつくり出してでも仕事をすべきだ。仕事もせずにのうのうと給料をもらっているのはけしからんという、妙な「功利主義」の風潮がはばを利かせているからではないでしょうか。ゴールドマン・サックスという投資銀行で出世をする人たちに共通する特徴を考えると、倫理的に問題があろうとなんだろうと、とにかく仕事をしたがる、仕事大好き人間ばかりだと感じますからね。

もう一つ、有権者が選挙で政権を選んでいる国では、中央銀行自体が「世の中は平和なのでなにもしません」というスタンスが非常に取りにくいこともあります。なにもしないままでいると、「あれだけ権限を持ち、かなりの給料もとっているのになにもしないなんて、税金泥棒だ」と非難する人が必ず出てくるわけです。

だから、国民が選んだ議会によって任命された中央銀行は、必ず仕事をやりすぎることになります。やらないと怒られるからです。平和で順調に経済が発展しているときにも、なんだかんだと理屈をつけて金利を上げ下げし、貨幣供給量をいじってみたりしたがる。

これは、民主主義、特に選挙で議員や大統領なり首長なりを選ぶ制度の恐らく本質的な欠陥でしょう。やらないでいたほうが幸せな任務まで、どうしてもやらせすぎるような仕組みになっています。これが現代の中央銀行です。

その違いを一番よく表しているのが、イングランド銀行と連邦準備制度です。

近代最初の中央銀行であるイギリスのイングランド銀行は、一応いろいろな仕事をすることになっていましたが、金利は18世紀初頭から19世紀半ばまで延々120年ぐらい、ずっと5%前後に保っていました。その間、イギリスは順調に発展しました。一方、現代最初の中央銀行である連邦準備制度は、いじりにいじって金利を上げたり下げたりした結果、一にぎりの大金持ち以外の誰にとっても不幸な世の中を、いままさに招きつつあります。

イングランド銀行というのは、先に説明したように、勅許状独占の中でも一番地味な、どちらかといえば王権が再確立されていった時代に、共和派として肩身の狭い思いもし、王党派に潰されかねないという危機感も持っていた危うい存在でした。ですから、中央銀行としての組織そのもののために金利を操作したり、通貨供給量を操作したりということは怖くてできませんでした。弱体な中央銀行だったのです。

この中央銀行としての弱さが、イギリスが初期産業革命のころに潤滑な資金供給ができた理由です。そして、最初はヨーロッパ大陸のフランスやイタリア北部の都市国家群やオラン

イングランド銀行の基準金利、1694～2013年

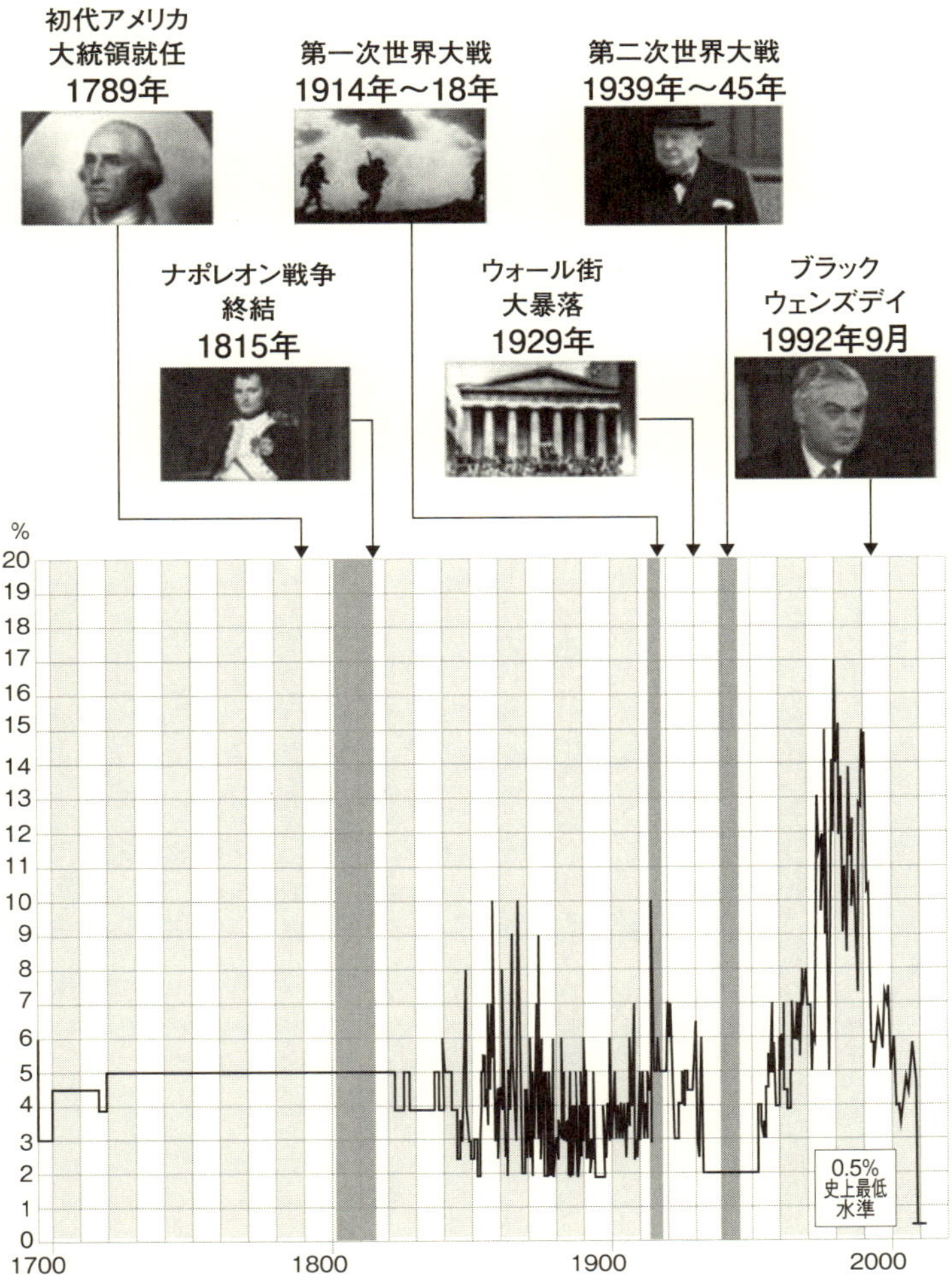

出所：ネット版『BBC News』、2013年9月17日のエントリーより引用

ダのほうがはるかに進んでいたのに追い抜き、イギリスが世界最大の資本主義国になっていった、ほんとうの理由です。

イングランド銀行は金利についても通貨供給量についても、ほんとうになにもせず、ただただ市場の成りゆきに任せていた。それが市場経済の中では、たいへんすばらしかったということになります。

「イングランド銀行の基準金利、1694〜2013年」（P41）を見ていると、イングランド銀行はなにもしないでいる限りにおいて、成功していた組織といえます。基準金利はインフレだろうがデフレだろうが知らん顔をして、一貫して5％前後に保っていました。それが実はうまくいき、その間にイギリスは経済大国に成り上がりました。

それから、多少色気が出てきて操作をするようになると、イギリス、大英帝国そのものが徐々に落ちぶれていきます。ビクトリア朝（ビクトリア女王の治世、1837〜1901年）の中期ぐらいから色気を出して、金利操作をするようになってから、徐々に落ち目になっていくのです。

こうして、イングランド銀行主導の安定ではなく、世界情勢に応じて金利が変動するようになり、その後、アメリカで連邦準備制度ができてからは、アメリカがいろいろとあの手この手で金融政策をやるたびに、その影響を受けるようになります。第二次大戦後から急速に基準金利が暴騰し、その後暴落します。これは完全にアメリカの連邦準備制度の影響を受け、お相伴しているうちに、こうなってしまったというだけです。1980年代には17％にまで上がりました。

Q ということは、連邦準備制度は経済市場に介入しすぎたのでしょうか？

A 少々、時代は飛びますが、1970年代のアメリカの状況から説明します。当時のアメリカは、現在からは想像できないくらい「先進諸国がみなうまくいっているのに、アメリカだけがダメだ」という雰囲気が国全体を覆っていました。なにが起きていたかというと、金利は高い、インフレはかなり進んでいるのに失業率が高い。そのころ、この状態を称してスタグフレーション（経済停滞とインフレの並立）と言っていました。

経済が停滞して失業率も高いのに、インフレ率も高いから、これではもうやっていけないという世の中になったとき、連邦準備制度の理事会議長をしていたのがポール・ボルカーです。ボルカーがインフレ退治と称し、「金利をどんどん上げてやれば、いまでさえ不況気味なのがもっと不況になる。人は金を借りられず、ものも買わなくなるから、それでインフレを鎮圧できる」と考え、基準金利をべらぼうな水準まで上げました。最高で18％です。そのせいでますますインフレが進みました。

ところが、一種の神風みたいなことが起きます。1978年、79年にハント兄弟というアメリカの鉱山会社の財閥のような一族が、なにを考えたのか銀の買い占めをはじめました。ハント兄弟の銀買い占めによって、銀価格がまず暴騰し、次いで金も暴騰します。その当時の金額で1976年には1トロイオンス当たり124ドルだったものが、1980年1月のピークでは815ドルに暴騰します。そこまでバブルが膨らむと、さすがにその後は急落します。同じ1980年の内に400ドル台、5年後にはかろうじて300ドル台を維持するところまで下がりました。それに引きずられて、最初はアメリカの、そして最終的には先進諸国全体のインフレ率が下がっていったのです。

この偶然によって、ポール・ボルカーは、インフレ率を下げるために金利を引き上げるというでたらめな政策をやった人間であるにもかかわらず、いまだに歴代のＦｅｄ議長の中では名議長と言われています。そういう意味で、アメリカの金融業界はほんとうに結果オーライでさえあれば、どんなでたらめをやっても許される世界だと言えます。

100年以上、4・5〜5％に金利が守られていた時代は、なんの問題もなく経済は順調に伸び続けていた。これがイギリスの時代です。ところがアメリカの時代に移ると、とたんに金利もインフレ率も乱高下するようになります。

庶民にとってはイギリスが覇権国家だったころのほうが、アメリカが覇権国家になってからよりも、はるかに生活水準が向上していたと言えます。ところが、誰一人そういうことは言わずに、「イギリスに取って代わったアメリカのおやりになることが一番正しくて、それまではおかしかったんだ」ということになってしまっていますね。

Q 国家の成立過程によって中央銀行の性質も変化するのでしょうか?

A

国家には大きく2種類あります。国境紛争などがあっても、基本的には同じことばを話し、同じ文化や伝統を共有してきた人々とともに生まれ育った「自然」な国家。もう一つは、ほかの場所からやってきた人たちが先住民を征服して、人種・言語・宗教が違う人々を一つの強力な権威のもとに統合した「人工的」な国家です。

イギリスは自然に英語を話す国民によって生まれ育ってきた自然な国家だったのに対し、アメリカは植民地国家です。植民地国家とは、まったく違う国からきた人たちが、先住民を追い出したり、虐殺したり、下層階級に押しとどめるなりして、自分たちが儲けるために人為的につくった国です。その自然国家と人工国家の差は、いまだにいろいろなところに現れています。

一つの例として、世界中の大都市の人口10万人あたりの殺人発生件数を見ると、ものの見事に植民地だった国だけが高い殺人件数率を記録しています。元々自然国家として発生した国は、どんなに人口が増えても、殺人発生件数は低い。やはり先住民族を虐殺したり追い出したりしてつくられた国は、そもそも発生の事情そのものに略奪、利権がからんでいた国なわけです。だから庶民、とくに一生うだつの上がらない下積みで終わることがわかっている下層階級の人たちは、腹にすえかねるような怒りをいつも心の中に持っていて、なにかが起きると、それが爆発する事例が圧倒的に多いのだと私は思います。

北米大陸でも南米大陸でも大都市になると、必ず殺人発生件数が上がります。ところがヨーロッパや日本の大都市の殺人事件発生件数は、旧植民地国家よりはるかに低い。中国は多少怪しいところがあって人工国家的な要素もかなりある国ですが、その中国でさえ殺人発生件数はそこまで多くならない。

アメリカが実は自由競争の市場経済の国ではなく、植民地として出発したときの利権集団が延々と支配を続けている非常に不自由で不平等な国だという認識が、どうも日本人には足りないような気がします。戦後、日本はアメリカから民主主義を教えてもらったという負い目があるのかもしれませんが。

ところが、また不思議なことに１９３０年代から60年代までのアメリカは、アメリカにしてはとてもお行儀がよく、振る舞いもかなり他国にも気を遣っていました。なぜか立派なことをしようと心がけていた時代なのです。

一つには、１９２９年の大恐慌から30年代はずっと大不況で、先進国の中でも一番高い生活水準を維持してきた人たちが、ほんとうに明日どころか、今日のパンにも困って行列をつくり、救世軍の無料の食事にありついてかろうじて生き延びる。そこまで落ちぶれたわけです。このままではいけないという意識が30年代のアメリカにはあり、だいぶ行いも正すようになったというところがあります。

その後の１９３０年代末から40年代初めの第二次世界大戦のころは、ドイツやイタリア、日本に比べて、我々は立派な国だと言いたい。これは世界大戦に勝つための戦略でもありました。ドイツ、イタリア、日本に比べて、我々はオープンで自由で平等な立派な国だと宣伝したわけです。

さらに時代は下って、１９５０年代、60年代は、まだソ連の脅威がかなり深刻で、冷戦を勝ち抜くためにも、ソ連の民衆は国家統制であんなに困っているのに、我々は自由で平等なすばらしい国だというイメージをアメリカ人自身が強調したのです。

結局のところ、今も支配階級を形成しているアメリカの白人たちのお行儀がよかったのは、大不況に勝つ必要があった1930年代、枢軸国に勝つ必要があった1930年代末から40年代前半、そしてソ連との冷戦に勝つ必要があった第二次世界大戦直後から1960年代末までだけだったのではないでしょうか。

Q 私たちが戦後民主主義教育で聞かされてきた、「いつも明るく元気な正義の味方」アメリカとはあまりにも印象がちがって、ちょっと戸惑うのですが？

A はっきり言って、アメリカが超大国に成り上がった歴史的背景を知らなかったがための誤解だと思います。ただ、この誤解は日本が戦後の復興から世界有数の経済大国になるにあたって、とてもプラスになった「美しい誤解」だと思います。

現に日本はいまでも豊かな国ですが、アメリカよりずっと貧富の格差の小さい豊かな国を築き上げましたからね。

日本は枢軸国側に立ってアメリカに惨敗しました。とんでもない目にあわされると思っていたら、たしかに原爆は落とされましたが、その後の占領軍がやってきたとき、意外にもオープンでフレンドリーなすばらしい人たちだった。そのイメージを戦後第一世代の高度成長をになった人たちは強烈に胸に焼き付けています。

１９７０年代からアメリカは貧富の格差の激しい、ひどい国になってしまったのに、第一次戦後世代の立派なことをした人たちのイメージを無批判に受け入れっぱなしっていうところがあります。

実際は、１９４５年に第二次大戦が終わって20年以上も黒人には公民権がなかった。いまだってひどいものです。たとえば白人世帯所得の中央値、上から数えても下から数えてもちょうど真ん中の中央値は5万ドル台です。黒人とヒスパニックの世帯所得の中央値は3万ドル台。アメリカで3万ドルしか年収を稼げないと、貯蓄は全然残りません。アメリカの白人家庭は、だいたい世帯あたりの資産が10万ドルぐらいです。所得の2倍ぐらいになります。黒人やヒスパニックは所得3万ドルだと、ほとんど全部使ってしまうので、貯蓄は残りません。よって世帯資産は1万ドル台、つまり白人家庭の10分の1です。公民権があるなし以前に、経済的な立場があまりにも違っていて、平等性のかけらもない社会です。

前提の話が長くなりましたが、そういう意味で人工的な国家における中央銀行の役割について考えてみましょう。

何度も説明しましたが、中央銀行は通貨発行権を独占しています。そこに独占利潤が発生する。その独占利潤は、実は日本の日銀もアメリカの連邦準備制度も大部分はお国に上納しているのです。

表面的に儲けはあっても、「儲けを自分たちで山分けするわけではなく、国に上納しているのだから、公平で中立的な立場で金融政策運営ができています」といった態度を中央銀行はとります。

はっきり言って、中央銀行がそれぞれの国の大蔵省や財務省にあたる官僚機構の中にいるわけでもない、完全な民間組織でもない、ヌエのような存在であることの最大の意味は、結局のところ金融政策の失敗に対して弁解することのできる格好の仕組みになっていることだと私は思います。奇術用語で言うミスディレクション、目くらましのようなものですね。ほんとうに問題の核心に迫られないように、見ている人たちの眼を別のところに引き付けることです。

つまり、どういう状態で、どういう失敗をやらかしても、一応世界中どこの国にも財務省（大蔵省）はあり、中央銀行があります。経済問題についても、財務省は財政中心に、中央銀行や金融中心に見ることになります。そうすると、どういう経済問題への対応をまちがえたときにも「たまたまどちらかがまちがえただけで、次はうまくいく」と、言い続けることができるのです。問題の核心は、世の中には財政や金融で解決できることと、できないことがあって、たいていの深刻な問題は政策では解決できないことだというところにあるのですが。

中央銀行が国家直属の機関で、財務省の一部局だったらどうだろうと考えてみましょう。そうなったら、言い訳はききません。悪いことをやり続け、失敗が続いたら、いくらなんでも理論がまちがっているのではないかということになります。

経済政策には、大きく財政出動派と金融緩和派があります。金融危機が起きるたび、それぞれ一方が相手のやってきたことがいままで悪かったから、我々の言うようにすればよくなるはずだと言い、方向転換してみたら、やはり同じようにずっこける。このような構造のくり返しだと私は思います。

なぜかというと、景気の山や谷は、国家の経済政策とは無縁のところで起きるものだし、時々刻々変化している経済を順調に発展させつづけるためには、景気の山や谷があったほうがいいものなのです。しかし、経済学者たちの大半は「政策で山や谷を均せば、毎年均等なペースで発展しつづける夢のような経済環境をつくりだすことができる」と主張して、金融政策や財政政策で経済をいじくり回します。その結果、放っておけば大した問題にはならなかった小さな山や浅い谷を、エベレスト級の登攀がむずかしい山にしたり、断崖絶壁にしたりしてしまうのです。

第2章

国や時代によって中央銀行のありかたも変わる

Q 通貨発行権を中央銀行が独占しないと市場は混乱すると指摘する経済学者が多いようですが?

A

そもそも通貨発行権を独占する支配体制があること自体に問題があります。うまくいかないに決まっています。実はそのことを、一番声を大にして言えるのは、日本国ではないかと私は思います。というのは、江戸時代の日本は、ものすごく複雑な通貨制度があった国です。恐らく、世界中でも一番複雑な通貨制度でした。

まず、江戸を中心とする東日本は金使いの経済、金本位制です。大阪を中心とする西日本は銀使いの経済、銀本位制です。金と銀の間には、当然のことながら、常に相場が立っていて、小判1両が銀何朱になるということは常に変動しています。

しかも複雑なのが、金使い経済の中で、金貨と同時に銀貨もあるように、金の体系の中に銀も紛れ込んでいました。銀本位制の中では、銀貨は貨幣に額面が刻印されている打刻貨幣ではなく、重さで計る秤量貨幣でした。銀の経済の体系の中でも銀の重さ何グラムに対して、金の重さ何グラムという金の使い方もできる。一方、金本位制の中に組みこまれた銀貨は重さに関係なく刻印された金額分の値打ちがあるとされていました。

つまり、打刻貨幣という貨幣そのものに刻印された価値がある体系と、重さ自体に価値がある体系とが並立していたのです。しかも江戸時代の各藩は、それぞれが通貨発行権を持っていたので、懐の苦しい藩は藩札をつくって金貨や銀貨は基本的に自分のところに回収してしまい、強制的に藩札を通用させている藩もありました。

江戸時代の庶民、たとえば江戸の町人が大阪に行ったときに、通貨が銀体系になって困ったかというと、そんなことはまったくありませんでした。ある地域では金が銀より高めに評価されているから、ここでは金を売って銀を買ったほうが得だとか、その逆だということを江戸時代の庶民は知っていたのです。

大阪の米相場では先物取引が行われていました。これは世界で最初の先物取引の市場です。それ以外にも、たとえばトラベラーズチェック、旅行小切手も江戸の庶民は平気で使いこなしていました。この旅行小切手も、江戸では金本位で計算し、大阪では銀本位で計算します。すると、金と銀の相場によって、どちらを基準に旅行小切手をつくって、どちらへ行くのが得か、庶民がちゃんと計算していたのです。その程度の教育水準と読み書き算術ができる人たちの間では、通貨の体系が複雑であっても、なんの問題もありませんでした。

ちょっとトロい人は騙されて損するかもしれません。でも、目端のきいた人は、それを利用して、自分の持っている貨幣価値を最大限に使うことができていたのです。そういう意味で、通貨発行権を独占しないと市場が混乱し、経済がうまくいかないという説は、江戸時代の経済発展を見ると、完全にウソだということが立証されていると思います。

Q 近代の中央銀行はヨーロッパ列強が植民地支配のために設立したのでしょうか？

A オランダという国全体の中央銀行は、イングランド銀行と同じぐらいの時期に成立しています。ただ、あとでくわしくご説明しますが、アムステルダムという都市の中央銀行的な存在は、イングランド銀行より約1世紀早く創設されていました。

当時、オランダとイングランドがヨーロッパ諸国に先駆けてやっていたことは、スペイン、ポルトガル型の略奪経営ではない植民地支配です。これを最初にはじめたのが、いまはほんとうに小国になってしまったオランダでした。

オランダがインドネシアの香料諸島（モルッカ諸島）をポルトガルから奪い、植民地の支配、経営をはじめました。ポルトガル人は、単純に自然に生えている香料の木、あるいは現地に住んでいる人たちが育てた木から採ったものを奪い取ったり、買い取ったりしてヨーロッパに送りこみ、大金をせしめるというだけの商売をしていました。ラテンアメリカ諸国で金山、銀山から貴金属を掘り出してきてヨーロッパで売り、鉱脈が尽きればそれで終わりという略奪経営の香料版です。

しかし、オランダは組織的に農園を経営し、高く売れる種類の香料を栽培させたのです。このように、最初は香料諸島から植民地を支配するようになったオランダは、1595年にはついにインドネシアでも最大の人口を擁するジャワ島に到達します。それとほぼ同時期に、実質上中央銀行の役割を担うアムステルダム銀行も設立されました。

現在は、アムステルダム銀行とは組織系統の違う1814年設立のオランダ銀行がオランダの中央銀行ということになっています。ただ、中央銀行とは通貨発行の独占権を持った組織という定義からすれば、ユーロという共通通貨圏に統合された国々の中央銀行というのは、ユーロの発行権を握っている欧州中央銀行（ECB）と違って、いったいなにをする機関なのか意味不明な存在になりつつあります。

イングランド銀行が設立されたのは1694年です。このころから本格的にインドに対する支配をはじめます。ただし、インドを征服するために設立された勅許状独占のイギリス東インド会社の設立そのものは、それより1世紀近く早い1600年です。

初めのうちは、イングランドがやっていたのは、どちらかというとスペインやポルトガル

オランダのチューリップバブル、1636～37年

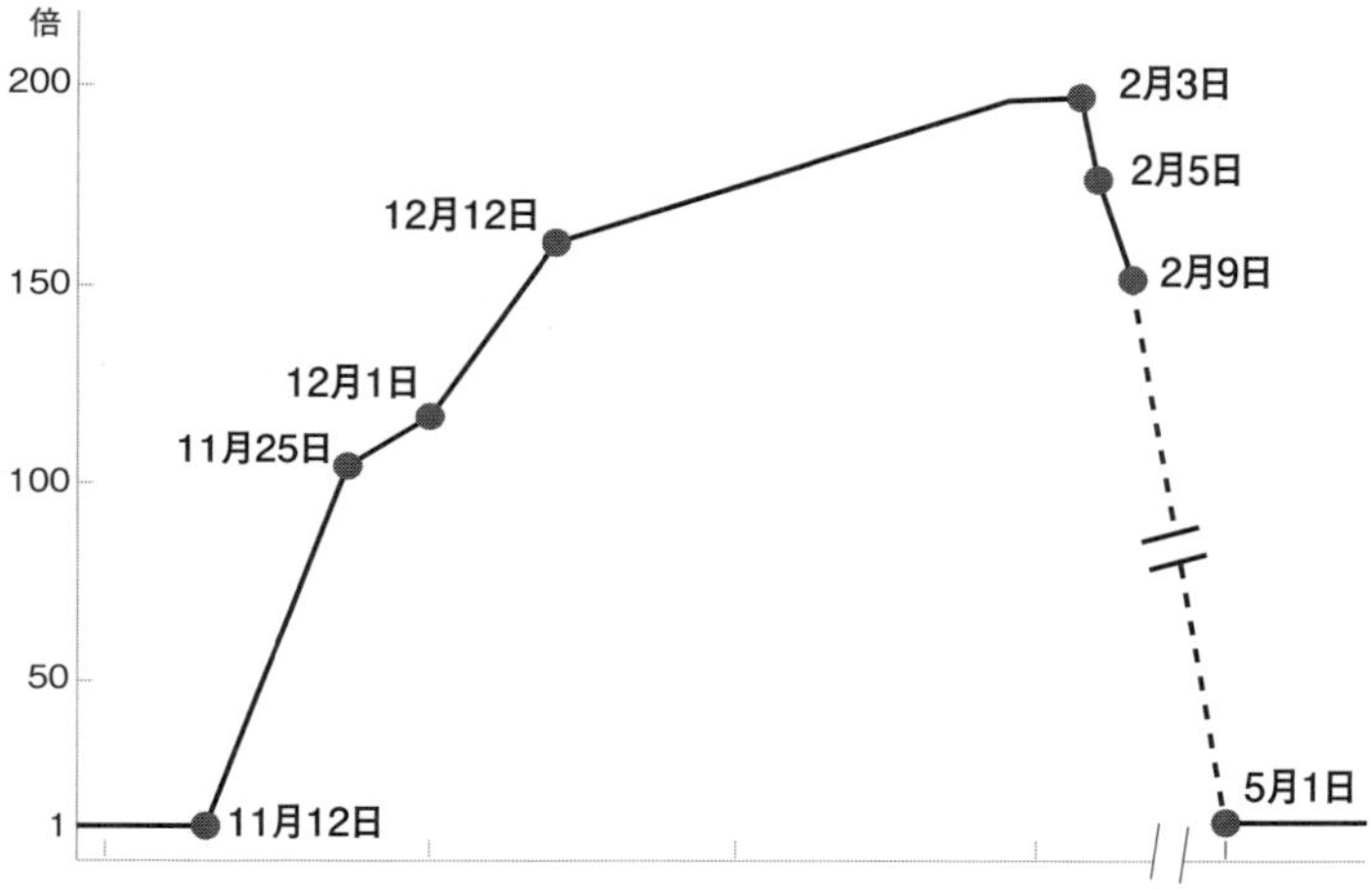

出所：ウェブサイト『The Burning Platform』、2015年4月24日のエントリーより引用

が新大陸諸国から奪ってきた金銀財宝を途中で横取りする海賊行為です。イギリスは体裁を整えるため、私掠船といって一応法律的な根拠のあるフリをしていますが、中身は純然たる海賊です。私掠(Privateering)とはどういう観念かというと、自国民が特定の国による略奪で経済的被害を受けた場合には、その国の商船団などを襲撃して略奪し返していいという、個人同士の復讐法をそのまま国家間の関係に引き直した無茶な話です。

海賊行為に力を入れていたので、オランダもイギリスも東インド会社設立当初は、ほんとうに2、3年のうちに派遣した船団が持ち帰った貴金属や香料などで巨利を博したら、分配して解散しようといった短期

的な感覚ではじめたようです。ところが、オランダがインドネシアの香料諸島での植民地経営で、略奪型ではない持続性のある農園栽培にもとづいた植民地経営をするようになったので、金融もそれなりに整備する必要が出てきました。

1636年から37年にかけて、近代市場経済成立後、世界で最初のバブルと言われているオランダのチューリップ・バブルが起きました（P58）。

オランダがインドネシアの香料諸島を中心に持続的な経営ができる植民地支配をするようになったとき、中継地貿易だったトルコのオスマン帝国とも関係ができます。そこで、トルコ原産のチューリップの球根がオランダに持ち込まれました。花びらの色や模様が特別なものが出ると、その球根がものすごい高値で取り引きされるようになり、バブルが起きたわけです。

バブルが起きるためには、バブルが起きるほど資金が潤沢に供給されることが必要です。それは中世から近代初期にかけての金貸しや金細工師が細々と借用証や預かり証で貨幣を供給していたころにはありえなかったことです。オランダは1602年に東インド会社を設立し、次いで1609年に中央銀行に等しいアムステルダム銀行という潤沢に資金を供給できる機関を創設しました。

アムステルダム銀行とは、アムステルダム「市内唯一」の両替商として、世界各国から送られてきたさまざまな通貨をオランダ（当時はネーデルラントですが）の通貨であるグルデンに替えることを許された金融機関でした。そういう意味では、イングランド銀行ではなく、アムステルダム銀行を近代最初の中央銀行と呼んでもよさそうな気がします。ただ、アムステルダム銀行は、あくまでもアムステルダム市内での両替権を独占していただけなので、近代国民国家全域の通貨発行権を独占した中央銀行だったとは呼べないと思います。

この銀行の設立によって、アムステルダム取引所で最初はもっぱらオランダ東インド会社の株、次第にさまざまな商品も取引されるようになり、バブルがふくらむようになったわけです。なお、アムステルダム取引所には商取引所とか、証券取引所とかいろいろな邦訳名が付いていて混乱しますが、実態としては東インド会社の株券の取引が主だったので、証券取引所と言ってもいいでしょう。また、ほかには自由に売買できる株を発行している企業がほとんどなかったので、手を広げるときには市況商品や貴金属の取引も行ったので、商品取引所とも言えます。

植物であるチューリップの球根は、栽培すれば持続性のある富の源泉です。これが新鮮だったのでしょう。それまでポルトガルやスペインは、ラテンアメリカ諸国で金山銀山を発見しては略奪して、鉱山そのものが涸れてしまえば、それでおしまいという経営をしていた。それに比べて、オランダは香料諸島でナツメグやメーズといった地味だけれどもヨーロッパに持っていくとものすごい金になる植物を育てるようになります。掘り尽くせばそれで終わってしまうものではなく、育て続けることによって、持続的な富ができる。植民地そのものが略奪経営から持続性のある植物栽培経営に変わったという背景があったからこそ、ものすごい価値がつくチューリップの変わり種に、人々が飛びついたのです。

略奪経営から持続的経営への転換を象徴していたという意味で、チューリップ・バブルにはたんに変なものに金をかけるバカがいたというだけではない理由があるわけです。バブル自体はいつの世にも、とうてい合理的な説明がつかない価格まで急上昇してしまうからこそバブルと呼ぶわけですが、なにを対象にバブルが起きるかについては、必ず合理的な説明のつく時代背景があるものです。

一国の中で、地味な小さな工場を少しずつ拡大していくための資金は、そんなに大きな組織が金融に携わらなくても、街の細々とやっている金貸し、金細工師の預かり証で十分足ります。それが植民地経営となると、現地に船団一つ送り込むにしても、巨額の資金が必要になります。それは街の金貸しには手に負えません。そこで、中央銀行が発生したということになります。要するに、大部分が18～19世紀に設立されたヨーロッパ列強の中央銀行は、基本的には植民地経営のために機能したのです。

巨大な資金が必要な新しい仕組みができたので、中央銀行が成立するようになった。そうなると潤沢な資金が供給できるので、バブルが発生したときにそれをあおるだけの資金量がある。バブルが起きては潰れ、起きては潰れという事件が、近代に入ってから循環的に起きるようになった理由です。

Q 18世紀、バブル崩壊が中央銀行の政府からの独立を促進したという話はほんとうですか?

A

1720年、ドーバー海峡を隔てて英仏同時にバブルが破裂しました。「この英仏同時バブルが中央銀行の政府からの独立を促進した」という説があります。

先ほども説明しましたが、「イギリスはイングランド銀行が南海会社から独立性を保っていたので、南海会社のバブルが破裂してもうまくいった。フランスはミシシッピ会社とバンク・ロワイヤルが合併してしまったので、バブルの崩壊とともに両方とも影もかたちもなくなってしまった」という説が、いまも有力です。

フランスはいまだに大銀行がバンクという名前を名乗りません。クレディ・リヨネとかクレディ・アグリコールといって「信用」と名乗ります。銀行という名前を使うと、バンクロワイヤルがミシシッピ会社で完全崩壊した時の悪夢が頭をよぎるのです。あまりにも語感が悪いので、フランスの大銀行は絶対にバンクと名乗らない。それくらいフランス国民に強烈な印象を与える破綻をしてしまったのが、ミシシッピ会社＝バンク・ロワイヤルだったわけです。

「イギリスは中央銀行が他の事業に手を出さなくて正解だった。フランスは中央銀行が山っ気のある事業をやったから、あんなに悲惨なことになった」という議論が、いまだに金融史の間では定説になっています。しかし、それはまったくの偶然です。イギリスのイングランド銀行は王党派ではなくて共和派だったので、王党派の組織である南海会社に入れてもらえなかったというだけの話です。

ですから、中央銀行の独立性という話は後づけの議論です。最初から国王のために通貨発行権を独占している連中が、独立性を保てるわけがありません。簡単に言えば、そのときどきのお国のために奉仕することによって自分たちの権威も維持できるので、中央銀行が政府から独立した景況判断や金融政策を行えるというのは純然たる幻想です。

イングランド銀行が、たまたま王党派ではなく共和派の資金調達機関だったという歴史的背景があったため、うまくそれができたかのように見えるだけです。

Q 連邦準備制度の設立が第一次大戦の勃発とタイミングがあまりにも合っているのは、たんなる偶然でしょうか？

A

実は偶然ではありません。大いに関係があります。

アメリカは南北戦争のときに南部の農園主を徹底的に痛めつけ、北部の産業資本、金融資本がぼろ儲けをしました。そのぼろ儲けに味をしめて、アメリカの産業資本、金融資本は、ヨーロッパ諸国の資本家たちよりかなり露骨に世界のあちらこちらで戦争を起こさせよう、起こさせようと画策するようになります。

1860年代後半、ヨーロッパで普墺戦争が起こります。プロイセンとオーストリアの間の戦争です。これが大戦争になると期待していたにもかかわらず、2ヵ月未満であっさり終わってしまった。その次に普仏戦争が起こりました。ナポレオン3世がフランス皇帝だった時代に、プロイセンがフランスと戦争をはじめた。これまた大戦争になると期待していたのに、あっさり2ヵ月未満で終わってしまった。1870年7月19日にはじまった戦争が、同年9月2日にナポレオン3世がセダンでプロイセン軍に降伏してあっけない幕切れとなります。

普仏戦争については、パリ・コミューンがすさまじい弾圧で壊滅させられる1871年5月まで続いていたとの説もありますが、国家間の戦争はナポレオン3世の降伏でケリがつき、あとは労働者を中心とするパリ市民がフランスのティエール臨時政府に抵抗して戦った内戦でした。なぜそこまでこだわるかというと、国家間の戦争では、軍需物資ばかりでなく軍人兵士の糧食や軍服に、内戦とはケタ違いのカネが動き、軍需産業ばかりか、ごく平凡な日用消費財でも莫大な利益を上げる企業が出てくるからです。

アメリカの産業資本、金融資本の連中は、やはりヨーロッパは一般庶民の知的水準も高いから、人命や財産を損傷し続ける戦争を長期化させないだけの知的能力を持っているのだろうとあきらめかけていました。アメリカの国是の一つに、「背後からの敵を背負いこまないでヨーロッパと対抗するために、北アメリカ大陸を横断する国土を形成する」という最初の国家目標がありました。この目標のことをアメリカ人たちは「明白なる使命（Manifest Destiny）」と呼んでいました。

これは1840年代、50年代あたりに北米大陸の東西を横断する鉄道が実際に進捗した時期に完成します。その次の目標は、「古代ローマ帝国が地中海を自国の内海にしたように、太平洋をアメリカの内海にする」というものです。ペリーが日本に来たのもまさにそのためです。

そしてもう一つは、「ヨーロッパ列強を競い合わせ、アメリカに対してヨーロッパが一丸となって立ち向かうことを防ぐ」こと。ヨーロッパが一丸となって立ち向かってくることを防ぐと同時に、ヨーロッパ諸国に戦争を起こさせ、ヨーロッパ全体が疲弊してくれれば、その分だけアメリカの経済力は自動的に上がるという戦略です。

この一石二鳥戦略をなんとか画策し続け、結局のところ、1860年代の後半から1870年代まで、ヨーロッパで何度か戦争が起きては、それが短期間で終わってしまいました。これはアメリカの外交力、軍事力、そして金融力に、ヨーロッパ各国に戦争を長引かせるほどの力はなかったということです。

実のところ第一次大戦（1914〜1918年）は、普墺戦争や普仏戦争に比べて、そもそも大規模な戦争になるような要因はほとんどありませんでした。オーストリアの皇太子だったフランツ・フェルディナント大公が、サラエヴォでセルビア人民族主義者に暗殺されたことがきっかけです。外交上の交渉だけですむはずの話だったのに、あれほどの長い戦争になってしまった。

それはなぜか。当時、イギリス、フランス、イタリア側と、ドイツ、オーストリア、トルコ側とに分かれて険悪な雰囲気になってきたとき、アメリカはどちら側にも付きそうな顔をして煽ったからです。アメリカはかなり露骨に対立を煽りました。「絶対に平和中立を守る」

と言いながらも、「ほんとうにどちらか一方が悪いと思ったら、正義の側に付いて参戦するぞ」という含みを持たせた発言をくり返したのです。

これは、交戦国としては「ははあ、勝ち馬に乗る気だな」とピンときます。だからこそ、初期にはドイツ側も、イギリス・フランス側も兵力の消耗を度外視したようなすさまじい肉弾戦をやってでも、早くこちらが勝ち組だと言えるような形勢をつくろうとしたのです。

1914年にはじまった第一次大戦にアメリカが参戦したのは、ほぼ決着がついてドイツ側が負けるなとわかりはじめた1917年です。3年間、お互いに消耗戦をやらせて、殺し合わせて傍観していた。傍観している間じゅう、どちらか正しいほうに付くぞという雰囲気を漂わせ、それぞれの陣営が頑張って敵側を追い詰めれば、アメリカが付いてくれて絶対に勝てるだろうという幻想を抱かせ続けたのです。このやり口は、どちらに加担するかと言えば、枢軸国側ではなく、連合国側だということはわかりきっていた第二次大戦のときもほとんど同じです。

アメリカは、戦争に金はかけるけれど、自国の人命はかけないという悪辣なことをし続けてきた国です。第一次大戦も見事にそれがはまりました。アメリカとしては、実はどちらに付いてもよかったのです。そろそろイギリス・フランス・イタリア・ロシア連合が、ドイツ・オーストリア・トルコ連合に勝てそうだという見通しがついたときに、イギリス側に付きます。金は相当かけたけれど、人命の被害はほとんどなしで勝つことができた。

大戦争を起こさせておいて、最終結果がわかってきたころにうまく戦勝国側に付くという戦略が成功したのは、やはり連邦準備制度が確立され、国債発行の引受などで巨額の資金を用意できる体制がアメリカにできたからです。

当然、国家予算としてお金を刷り散らかすことも可能になりました。それが中央銀行と財務省が分かれていることの利点です。同じ政府の部局内で、「財務省が発行した債券を財務省が買います」と言っても、誰もそんなことで実際の富が増えるとは思いません。しかし、「財務省が発行した債券を、連邦準備制度が買います」というだけで、ほんとうに買わなくても富が創出されたような幻想を持たせることができる。これは表面的には別の機関であるようなフリを装っていることの利点です。

連邦準備制度が設立されたからこそ、第一次大戦があれだけ大きな戦争になったというのは非常に意味のある話です。

Q その重要な意味をもう少し具体的に説明してください。

A

近代の中央銀行は植民地経営のための資金調達機関だったとすれば、現代の中央銀行は近代国民国家同士の総力戦のための資金調達機関だということです。結局のところ、20世紀はさまざまな点で、アメリカ合衆国とロシア帝国＝ソビエト連邦＝ロシア連邦の二大国を軸に展開されたと言えると思います。

1902年の日英同盟締結にも大いに影響されて、1904年の日露戦争で大ロシア帝国が東アジアの新興国、日本に予想外の敗北を喫したことにはじまり、アメリカの連邦準備制度創設、第一次世界大戦勃発、大ロシア革命でソビエト連邦が生まれ、第一次世界大戦が終わったところまでが第一幕でしょう。

1929年のニューヨーク株式市場の大暴落から1930年代大不況、第二次世界大戦の連合国側の勝利、米ソ冷戦体制の定着までが、第二幕になります。そして第三幕は、1989年にはじまったソ連東欧圏の崩壊が、平和で安定した世界をもたらすどころか、昔なら1世紀に一度しか起きなかったような金融危機が頻発し、正規軍同士の戦争ではないテロやゲリラがからんだ戦争も各地で続出する世界を招いてしまったというふうにまとめられるでしょう。

実は西欧諸国が世界中を支配するようになった15世紀末以降で一番平和だったのが19世紀なのですが、この19世紀にもまるで戦争に明け暮れた20世紀の予行演習でもするようにひんぱんに戦争をしてきたのが、ロシア帝国とアメリカ合衆国なのです。このうち、アメリカは予行演習の成果もあり、優れた戦費調達機関を確立できたこともあって、20世紀前半は連戦連勝となります。ロシア帝国のほうは、ゲートが開いた直後に落馬してしまった騎手のように、帝政崩壊からはじまってソ連の成立以降も、政治的にも経済的にも苦難の時代が続きます。

そこで非常に興味深いのが、ちょうど20世紀の折り返し点で勃発した朝鮮戦争以来、アメリカが関与した戦争はたとえ戦闘行為そのものでは勝っていても、政治的・社会的にはせいぜい引き分けで、負けることも多くなったという事実でしょう。ゲリラ部隊やテロリストが相手の戦争では、経済力で圧倒して優秀な軍備を持っていれば必ず勝てるという時代ではなくなってきました。

アメリカは「力は正義なり」とともに、「経済の大規模化は力なり」ということを国是としてきた国です。そのアメリカが最新兵器における圧倒的優位をもってしても、テロリストやゲリラ兵士手製の5ドル爆弾とか、10ドル地雷に勝てなくなってきた。そのあたりにも超大国アメリカのたそがれが見えてきたと思います。

Q 第一次大戦の戦後処理で、市場経済に対する国家の介入が強まったのでしょうか？

A

戦争が終わると賠償金や経済復興の問題が発生します。

第一次大戦に関しては、結局のところ、ウォール街の連中がドイツに貸していた金額（ドイツの債券を買っていた金額）に対して、イギリス、フランスに貸していた金額が圧倒的に大きかった。だからこそ、あれだけ過酷な賠償をドイツに課し、それをイギリス、フランスに与えようという無理なことをしました。これが第二次大戦の原因になっていきます。

第一次大戦のとき、ヨーロッパの交戦国は、どちら側も相手は専制的なひどい国で、こちらは民主主義の正統派だという顔をして戦いました。ところが第二次大戦は、初めから枢軸国側が悪役になりました。これは、悪役にならざるを得ないところまで追い詰められていたからこその話です。

そして、当時、経済復興や賠償問題に中央銀行がどのように関与したかという話になります。

1930年、国際決済銀行（BIS）が設立されました。BISは各国の中央銀行をメンバーとする組織で、日本も創設時には株主として参加しています。BISはドイツの第一次世界大戦にかかる賠償金支払いの行き詰まりを打開するために生まれました。払いきれないに決まっている賠償金を、なんとかドイツが払えるような金融スキームをでっちあげるための組織として、第一次大戦の戦勝国側が中立国であるスイスに設立したものです。

そもそもない袖は振れない、できっこない賠償を、なんとかうまく辻褄合わせをしてやれるようなスキームをつくる。最初からウソではじまったような組織です。

では、なぜBISがこれほど権威を持っているのでしょうか。一見、第三者機関として中立なフリをしている国際的な機関であり、各国の中央銀行に対して自己資本の中で安全なものが何％ないと認められないなど、なんらかの歯止めをかければ権威付けにもなり、表面的には各国で不満が出ても「あんまりムチャはしないだろう」という安心感を持ってもらえるということです。

だからこそ、世界各国の中央銀行もBISの規制に従うわけです。従わないところは国際金融の世界から見放されてしまうので、仕方なく受け入れざるをえない。BISはまさに歴然たる戦勝国クラブです。

Q 世界大恐慌時代からいまも続いているケインジアンとマネタリストの論争というのは、結局どういうことについて議論しているのでしょうか？

A

ケインジアン（財政出動派）とマネタリスト（金融緩和派）は、わけのわからない論争を延々としています。

非常に単純な言い方をしてしまうと、ケインジアン、つまりケインズ説を信奉する経済学者たちは、1929年10月24日からはじまった世界大恐慌のとき、「アメリカは需要が小さすぎて、大不況に陥った。需要が小さすぎるときには国が借金をして、需要を人為的につくり出さなくてはならない。そうしなかったから、あんなにひどいことになったんだ」と言っています。

フリードマンなどの主張を信奉するマネタリストたちは、「いやいや、そうじゃない。あのときは実際に貨幣供給量が激減したから、あそこまで悲惨なことになった。国はなにがあっても、貨幣供給量だけは年率何％の伸びを維持すると公約し、なにがあっても公約どおりに貨幣供給量を延々伸ばし続けていけば、不況にはならない」と言います。この論争は、まったく見当外れなものです

1930年代大不況は、完全に実物経済の現象だった

各年別GDPとその構成部門、1929〜33年（単位：10億ドル）

年	GDP	消費	投資	政府消費	輸出	輸入	純輸出
1929	790.9	593.9	92.4	105.4	35.6	46.3	-10.7
1930	719.7	562.1	59.8	116.2	29.4	40.3	-10.9
1931	674.0	544.9	37.6	121.2	24.4	35.2	-10.8
1932	584.3	496.1	9.9	117.1	19.1	29.2	-10.1
1933	577.3	484.8	16.4	112.8	19.2	30.4	-11.2

ケインジアンもマネタリストも、1929年にははじまり、ピーク比89.3%もの大激減となった投資を無視して、1931年以降の消費や政府消費や輸出のはるかに小さな変化に拘泥している。

出所：ウェブサイト『Jesse's Café Americain』、2012年10月22日のエントリーより引用、加筆

財政にしろ、金融にしろ、「国が政策によって統制できることで、経済全体がよくなったり、悪くなったりする」という土俵の上での議論です。この前提をケインジアン、マネタリストの双方が自明の前提として受けているから、具体的な経済危機に対する処方箋も空理空論になってしまうのです。

金融財政政策にはなんらかの意味があり、有効だという意味では、両者ともまったく一致しています。それがいかに事実と違うかをお教えしましょう。

「1930年代大不況は、完全に実物経済の現象だった」という図表（上）があります。ここには、1929年から数年間のアメリカのGDPの部門別の金額が

出ています。丸をつけた投資というところを見てください。1929年の924億ドルが、1932年には99億ドルまで縮小しています。9分の1程度まで下がっている。

それに比べ、アメリカで消費が落ち込んだのは、前年比で9・0%減少した1932年に入ってからです。政府消費が落ち込んだのも、やはり32年に入ってからでした。どちらも、ピークから1933年の通算で見ても、投資の89・3%減のような極端な減り方はしていません。輸出や輸入も、やはり1932年ごろから落ちていきます。大不況が過小需要で起きたという話は実体経済のデータにもとづいていないのです。

要するに、圧倒的に早く、しかも大幅に減少していたのが投資です。これは金融政策とも財政政策ともまったく関係ありません。民間企業が自分で決めることです。その投資が、財政政策も金融政策も全然変わっていなかった時期に、これだけ大きく減少したのです。

これほどまで一国、しかもアメリカという巨大な経済大国の投資が減少するのは、前代未聞のことでした。

では、なぜそのような事態が起きたのか。その理由が「アメリカ乗用車生産台数と自動車業界の市場専有率推移」（P76）からわかります。

このグラフを見ると、当時やっとアメリカ自動車業界の首位企業になったばかりのGMが、1928年夏からたった4年間で生産台数を4分の1にしています。ものすごい縮小です。

アメリカ乗用車生産台数と自動車業界の市場占有率推移

アメリカの乗用車生産台数は、GMの先導で、
1929年の400万台レベルから、1932年には100万台レベルまで激減した

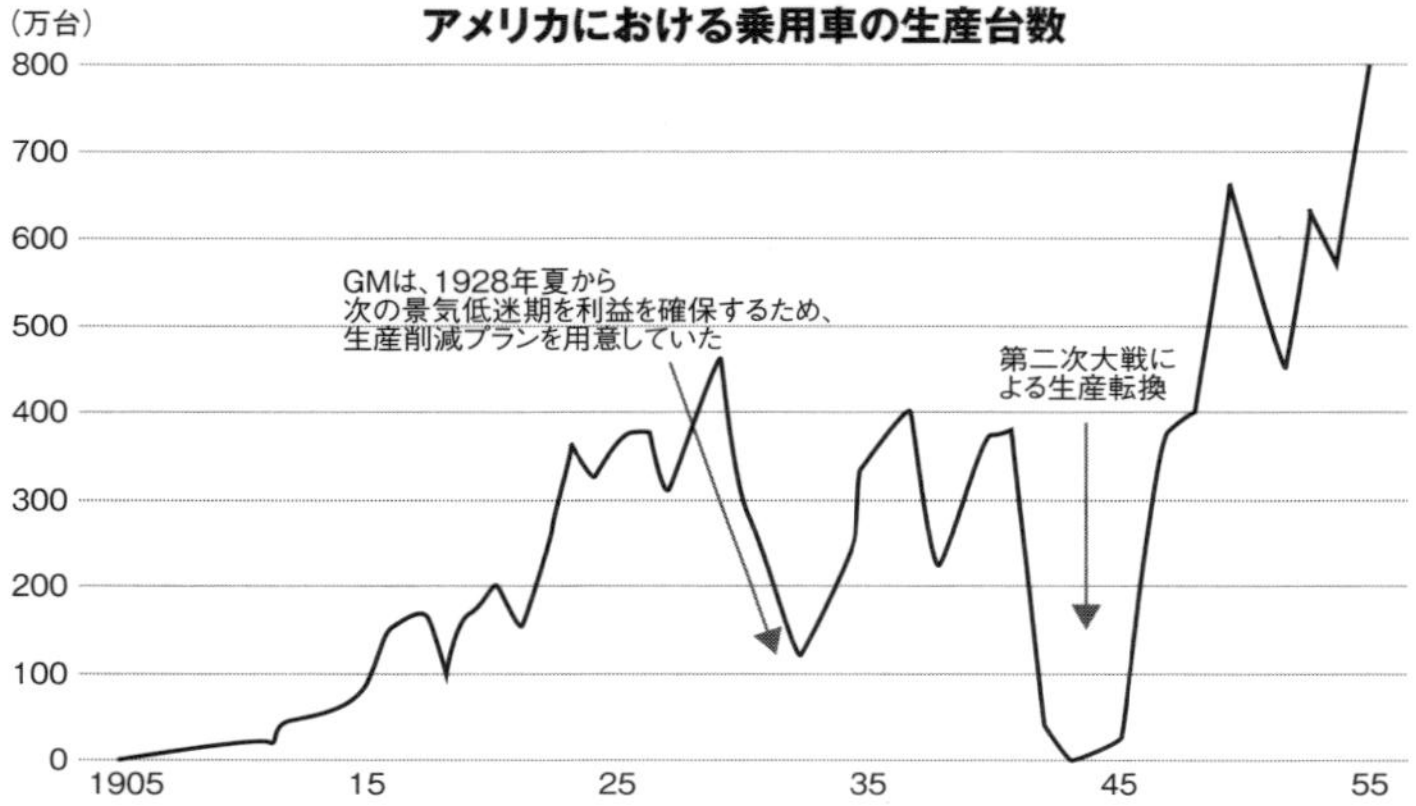

フォードのシェアが1920年代前半の約60%から1941年の20%未満へと3分の1の急落する一方、
GMのシェアは、第1次大戦中の10%未満から40%台後半へと5倍近い上昇を示した

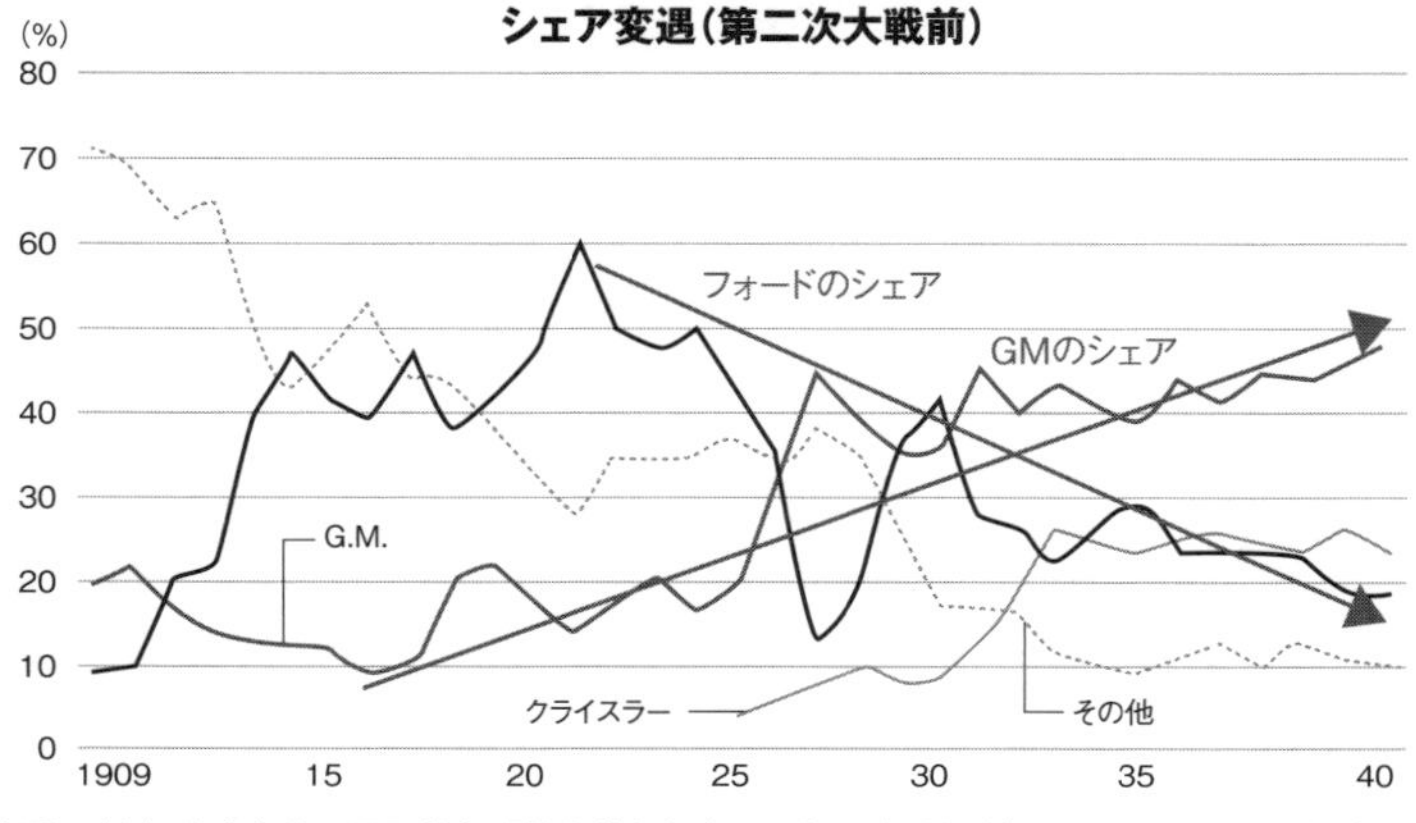

出所：(上) 生産台数は星野哲郎『技術革新』(1958年、岩波新書)、77ページより、(下) シェアは山崎清『GM (ゼネラル・モーターズ) ——巨大企業の経営戦略』(1969年、中公新書)、115ページより引用、加筆

しかし、この動きは財政政策とも金融政策とももまったく関係ありません。当時、1926〜27年あたりからフロリダで不動産ブームが起きました。その土地バブルが28年には崩壊してしまったのです。

当時GMの社長だったアルフレッド・スローンは、アメリカのあらゆる大企業の歴代社長の中でも1番か2番の切れ者です。1921年の短い不況が起きた時に、GMは利益がマイナスになったことがあります。そのときの反省にもとづき、次にほんの少しでも不況の兆しが起きたら、利益率をプラスに確保するため、どのぐらいの生産を縮小しなくてはならないかをきちんと計算しました。コンピュータもなければ、計量経済学の公式もまだほとんどなかったような時代に、当時年間400万台生産していた供給量を100万台まで減らせば、供給不足で1台あたりの価格もあまり下がらずにすみ、きちんと利益が出るとはじき出したのです。

スローンは、フロリダで不動産バブルが破裂した瞬間、社内に命令を出し、減産をほんとうに実行しました。当時のアメリカの耐久消費財は、自動車とラジオくらいのものでした。自動車とラジオでは、1台あたりの単価は圧倒的に自動車のほうが高い。それが突然、年間400万台あったものが100万台になってしまったら、それは誰が考えても不景気になるのは当たり前です。

GMが減産しても2位のフォードがシェアを伸ばすのではないかと思われるでしょう。ところが、そうはなりませんでした。GMがあまりにも巨大な市場シェアを持っていたため、2番手のフォードや3番手以下の群小企業に対し、「我々が生産を縮小して、お前らがそこに乗じてシェアを拡大しようとしたら、生産全体は縮小しても、お前らの一番代表的な車種と同じものをぶつけて、たたき潰してやる」という脅しをかけたのです。これほどアメリカでは独占企業やガリバー型寡占企業（寡占数社の中でも市場シェアが突出した一社）の力が強いということです。

GMの減産に続いて自動車産業全体が生産を縮小したので、当時の設備投資の大部分を占めていた自動車関連投資、自動車のための板ガラスや板金、ゴムタイヤなど、あらゆるものが生産縮小せざるを得なくなりました。それで投資が冷え込み、その結果として消費が冷え込んでしまった。その結果、あれだけ悲惨な大不況になっていったのです。

「財政出動がなかった」、あるいは「金融政策が悪かった」という話はまったく意味がないのは、「アメリカ製造業の生産と製品単価（1929年1月〜36年6月）」（P79）を見ていただくとわかります。

耐久財価格は、あれほどの大不況でモノの価格が下がり、デフレで大騒ぎしていた割には、ほとんど下がっていません。耐久財は、1929年の初めに100だったものが、価格はせ

とくに耐久財の生産高減少ぶりはすさまじかった

アメリカ製造業の生産と製品価格（1929年1月〜36年6月）（1929年平均＝100）

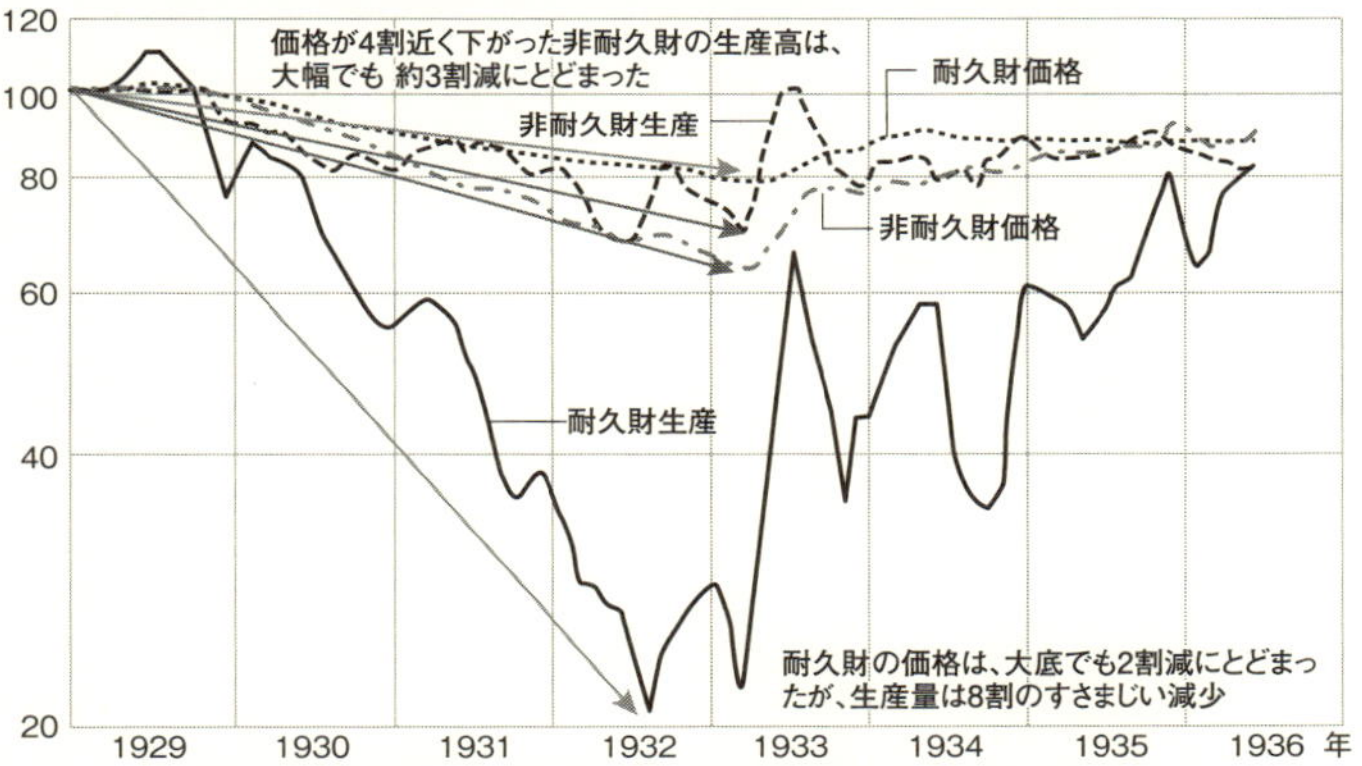

当時の耐久消費財は、住宅設備、家具、調度と自動車以外にはほとんど高額品がなく、自動車の比重が突出していた

原資料：F.C.Mills,Prices in Recession and Recovery,1936. p.382.
出所：平田喜彦・侘美光彦編『世界大恐慌の分析』（1988年、有斐閣）、より引用、加筆

いぜい80ぐらいまでしか下がっていない。GMがすさまじい勢いで減産したので、値持ちがよかったからです。その代わりに、32年には生産高のほうは100から20くらいまで下がってしまいます。

非耐久財、これは要するに日用品とかで、使って消えてなくなってしまうようなものです。非耐久財価格は100だったものが60前後まで下がりますが、生産量は70ぐらいまでしか落ちていません。つまり、これは耐久財の減産によって投資が冷え込み、賃金も減るから消費が伸びなくなった。消費が伸びないどころではなく、減った。その結果として、非耐久財のほうは生産量は約3割減ですみましたが、価格は4割も下がってしまったのです。

価格が大きく下がれば、需要量はあまり落ちず、頑張って価格を維持したモノの需要量は激減します。つまりこれは、大不況時にも価格メカニズムは健全に機能していたことを示しています。ＧＭが自社製品の価格と自社の利益を守る政策をゴリ押ししたから、アメリカ経済全体が悲惨な大不況になったのです。金融政策も財政政策もまったく関係のない話です。

アメリカ国内の自動車生産台数が29年の４４５万台から32年の１１０万台まで下がっているとき、20年ぐらいまでフォードが大量生産でどんどん価格を下げていたころに比べて、２０００年の米ドルで実質化した価格はほとんど目減りしていません。つまりＧＭの企業としての戦略は大成功したということになります。ただしその結果、なにが起きたかというと、ＧＭの大減産によって、自動車を買いたくても買えなくなり、自動車関連の設備投資はいっせいに大幅に縮小され、大きな不況を招いたのです。

このように１９２９年にアメリカではじまった世界大恐慌に、金融政策はなんら関与していません。中央銀行ができて、「物価を安定させます」と言いだしたとたんに慢性インフレになり、「金利を安定させます」と言いだしたときから乱高下するようになった。一般論として、中央銀行がなにかをやると言いだしたら、必ずその反対になると思っていればまちがいありません。カウンターインジケーターとしては、それなりの役割はありますが、実際に政策によって経済をよい方向に変えるという意味は、まったくありません。

Q 第二次大戦の戦後処理は、中央銀行の機能に大きな変化をもたらしたのでしょうか？

A

第二次大戦（1939～1945年）の戦後処理に対する中央銀行の関わりは、第一次大戦と似たようなものですが、統制色は格段に強まりました。

簡単に言ってしまうと、現代社会は重化学工業が明らかに過剰設備になっています。その最大の理由は、軍需物資です。軍需物資は敵に勝つために整えるものなので、過剰であってもあまり気にしないものです。火薬や砲弾が一番いい例です。近代機械制工業がこれほど大規模化する必然性は、軍事上の有利さをのぞいては考えられません。

ここまで軍需産業を肥大化させたのも、中央銀行から資金を潤沢に融通できるということが大きな意味を持っています。航空機と、航空機から落とす爆弾は、大都市にとって防ぎようのない被害を与えるものです。この驚異的な威力が軍需産業の肥大化の理由の一つでもあります。軍需産業の世界経済に対する影響は、延々といまでも続いています。

ライト兄弟が飛行機を発明したのが1903年ですが、ほぼ10年後に第一次大戦が起きました。そのとき、すでに飛行機の上からレンガや石ころを落としていました。実は、オスマントルコ帝国の衰退に乗じてイタリアが武力侵略でリビアをオスマントルコから強奪した1911年の戦争で、イタリア軍の飛行機がリビアに爆弾を落としたのが空襲の最初の事例だったそうです。戦争で敵国に勝つことができるというインセンティブは、それだけ技術革新の迅速な実用化に貢献するということでしょう。

第二次大戦では、それがかなり洗練され、戦闘機とは別に爆撃機という爆弾を落とす専用の機種も現れます。焼夷弾は、大都市で人家が密集しているところで特に有効です。安上がりで、大量の人命を一挙に奪い取ることができる。そういう意味では核兵器までいかないうちから、かなり悪質なことをやっていたのが戦争です。焼夷弾こそ、民間人の大量殺戮を初めから目的とした兵器と言えるでしょう。

そのように、戦争ではありとあらゆることが行われ、敵に勝てばそれでいい。敵に勝つことが、すべてを正当化します。重化学工業が異常なくらい軍需産業に傾斜し、軍需産業に傾斜することによって、慢性的な大規模化の結果として過剰設備を持つようになります。アメリカはいまだに軍需産業利権が支配している国です。そこに金融が関与した度合いも、またすばらしいものがあります。

中央銀行はもちろん、大手金融機関もすべてロビイスト活動を通じて軍需産業大手と非常に昵懇《じっこん》な間柄にあります。アメリカで軍需産業が毎年生み出している膨大な量の戦闘機、爆撃機、爆弾などは、ほとんど全部賞味期限切れで廃棄する以外にはなんの役にも立ちません。しかし、それが延々と続いているのは、金融利権と密着した軍需利権が、アメリカの議会や大統領を支配しているからです。これが単純な理由です。

Q 現在進行中のアメリカ大統領選でトランプが予想外の健闘をしているのも、軍需・金融産業利権に正面対決を挑んでいるからだという説もあるようですが？

A 私もこれは基本的に正しい見方だと思います。いまたけなわのアメリカ大統領選挙で、初めはだれもが泡沫候補と思っていたドナルド・トランプがあれよ、あれよという間に共和党候補に指名された最大の理由だと言ってもいいでしょう。元大統領のビルとヒラリーのクリントン夫妻は、金融業界や軍需産業の利権集団に完全に取りこまれた連中です。

一方、トランプは、あまり頭の切れる人でもなく、思い付きでいろいろ言ってみて、聴衆の反応を見て受けのいい話題をどんどんふくらますという、テレビタレントのような選挙戦を展開してきました。ですが、とにかく利権集団とは縁がないという点で、「かなりでたらめなことを言っても、きれいごとを言いながら、実は巨大利権集団に取りこまれたヒラリー・

クリントンよりはマシだろう」という票を集めてきたのだと思います。

もともと何度か自己破産申請をして焼け太りで「不動産王」と呼ばれるようになった人で、金融界や産業界からの支援はまったくありませんでした。初期には、有力利権団体からの政治献金もほぼゼロに近く、自腹を切り、運動員も手弁当で選挙戦を戦っていました。

そこで、「アメリカにはもう世界の警察官を務める国力はない。現在関与している武力紛争からはいっさい手を引き、NATOからも脱退せよ。もし、自国に駐在している米軍を維持したいと思う国があったら、駐在費は全額その国に持ってもらうべきだ」とぶち上げたら、リバタリアンとかネオコンとか立派そうなことを言いながら、実は軍需・金融利権の手先になっている連中を嫌っている、伝統的な孤立主義の保守派に非常に受けがよかったわけです。

当初、私はこの発言もトランプのことを完全に無視していた金融・軍需産業のロビイストたちに「もっとオレのところにも巨額献金をしないと、ほんとうにそういう政策を取るぞ」という脅しではないかと疑っていました。ですが、トランプ陣営が「グラス・スティーガル法復活」を掲げたころから、これは本気で産軍金融複合体の利権と対決する気でいるなと、トランプを見直しました。

グラス・スティーガル法というのは、1930年代前半のいわゆる「ローズヴェルト改革」の中で唯一と言っていいほど、金融業界の乱脈ぶりの是正に効果を発揮した法律です。趣旨は、銀行業と証券業の兼営を禁止することです。つまり、「庶民や零細企業の貯蓄を預かる銀行が、相場次第で価値が激変する株や債券の売買で損を出して、預金者に迷惑をかけてはいけない」という健全そのものの法律です。

ところが、まるで2000〜2002年のハイテク・バブルの崩壊や、2008〜2009年のサブプライムローン・バブルの崩壊でこの二つの業態をまたにかけてぼろ儲けをしてきた巨大金融機関への責任追及がくることを予期していたかのように、金融業界の圧力で1999年には廃止されてしまったのです。だからこそ、「グラス・スティーガル法の復活」を掲げるトランプ陣営は、金融業界と正面から対決する勇気があるし、連邦準備制度という伏魔殿にもメスを入れることができるかもしれないと期待しています。

Q

結局のところ、中央銀行は我々のようなふつうの勤労者にとって頼りになる存在なのでしょうか？

A

戦費調達に貢献して大戦争と可能にするという意味でも、やらなくてもいい金融市場への介入で、本来であればゆるやかなうねりで済む相場変動を大暴騰や大暴落に変えてしまうという意味から言っても、中央銀行というのは、ふつうの仕事をしている個人や民間企業の大部分にとっては単に役立たずであるだけでなく、大いに実害を及ぼしている組織だと、私は思います。中央銀行は金融資産を買い取るというかたちで銀行に直接カネを注入しますから。

戦時中は、ふだんはできないような人間の動員をします。成人男性で働き盛りの連中を兵士に取ったとしても、女性や学生を動員して本来ならがら空き状態の工場を稼働させてしまいます。たとえばアメリカが第二次大戦で実用に使った戦闘機、爆撃機、戦車、装甲車両の恐らく7割か8割は、実は自動車工場から生産されていたものです。

先ほどのアメリカの自動車生産台数の推移を示したグラフ（P76）で、1940年代前半に生産台数がゼロまで下がっていたことにお気づきでしょうか。平時から戦闘機や爆撃機ばかり造っている、狭義の軍需産業自体の規模はあまり大きくありません。ロッキード・マーチンのような大手でさえも、そんなに大量の戦闘機や爆撃機を量産できるほどのアセンブリーラインを持っていません。そういう馬鹿げた長さのアセンブリーラインを持っているのは自動車産業だけです。

少々余談になりますが、1960年代末から70年代初めにかけて、日本の自動車産業がアメリカに本格進出をはじめ、GMを初めとするビッグ3が破綻するかもしれないと言われたとき、あれだけアメリカ人が怒り狂った最大の理由は、日本人が第二次大戦に対する復讐戦としてやっていたことだと確信していたからです。なぜ、アメリカが日本にあれだけ圧勝できたかといえば、自動車のアセンブリーラインで戦闘機、爆撃機、戦車を量産できたからです。

それはアメリカ人にとっては常識ですが、日本人はそんなことは知らず、ただただ安くて性能がよい製品を出せば、みなが買ってくれると思って進出した。ところがアメリカ人は、日本人は戦後おとなしくアメリカに平伏しているように見えるが、実はアメリカの軍需産業の中でも一番核となる自動車産業をたたき潰すために、意図的に安くて性能のいい製品でアメリカの自動車市場を奪おうとしていると思った。それでカンカンに怒ったのです。

日本人には思いも寄らないことですが、アメリカ人はごく一般常識として、そういう感じかたをします。そうでなければ、あれだけの大騒ぎをするわけがありません。

Q 第二次世界大戦中の戦時総動員体制が、アメリカではいまも生きているということなのでしょうか？

A 生きているどころか、どんどん利権を拡大してアメリカ国民の生活の隅々まで浸透しています。

戦後は賠償や、戦死者や復員兵に対する恩給などの手当もあり、国の予算もまたふくらみます。そこもまた、非常に統制色の高いシステムができます。たとえばアメリカでも、第二次大戦が起きる前だったら一生下積みの工場の工員とか小売店の店員をしていたような人たちが戦争に行き、復員してきた時にGIビルという大学教育を安上がりで受けられる恩恵に与り、それで企業のビジネスマンになれた人たちがたくさんいます。

そういう意味では、これだけ貧富の格差が増えても、アメリカ人の国家権力による経済統制に対する信頼感というのは、まだまだかなり根強いものがあります。GIビルを出してくれて、ファニーメイやフレディマックといった住宅ローン専業の半国有企業で住宅もちゃんと買う資金を提供してくれた。ほんとうに親方星条旗万々歳という感覚を、つい最近まで、少なくともアメリカの白人家庭は共通して持っていました。

ところが、プアホワイトの人たちが、「我々は本来特権階級に生まれついたはずなのに、低賃金の黒人やヒスパニックと同じ職を同じ賃金で争わされているじゃないか。こんなけしからんことはない」と不満を爆発させたことに便乗したのが、共和党のトランプです。また、プアホワイトだけではなく、黒人やヒスパニックの人たちまで、アメリカの中下層の人たちを取り込んでいたのが、民主党のサンダースに人気が集まった理由です。

このような変化が出てきたのは、ほんとうに過去2、3年くらいのことです。それまでは白人で生まれ育ったアメリカ人世帯の間では、国家統制経済に対する全幅の信頼感を持っていました。「財務省債を中央銀行が売り買いし、操縦して金融をふくらませ、金融資産がどんどん拡大していくのは万々歳だ」と低所得層の人でさえ平然と言っていたわけですからね。

ただし、金融資産ばかりが増えていく世の中では、当然のことながら貧富の格差は広がる一方です。世界中どんな国でも国民の消費性向は、上に行けば行くほど低くなり、下に行けば行くほど高くなります。金持ちは自分が稼いだカネの中から実際に消費に使う分が少なくなるのに対して、貧乏人は稼いだ分のほとんどを消費に回さなければやっていけないからです。

金融資産ばかりが増えて貧富の格差が広がると、消費が振るわなくなるのは明らかなことです。にもかかわらず、アメリカはどんどんその道を突っ走っていった。そのために非常に大きな役割を果たしたのが、「公開市場操作」と称して財務省債を連邦準備制度が売り買いし、金融市場を操るシステムだったのはまちがいありません。

財務省とアメリカの中央銀行である連邦準備制度は結託しているけれど、一見中立性、独立性が維持されている雰囲気を装うことでうまくごまかしている。そのうまくごまかす小手先の技術は、異常なくらい発達しています。そのあたりが黒田日銀とは明らかにちがいます。黒田日銀は安倍政権の言うなりです。あれだけ政府の言うなりで無謀なことをやり続けていれば、信頼も失われるでしょう。その点、連邦準備制度は、やり口が巧妙です。いかにも政府と対立しているような態度をチラチラ見せながら、中立の機関である幻想を維持できていますから。

Q ニクソンショックには、どんな意味があったのでしょうか？

A 1971年8月15日、当時の米大統領ニクソンが、ドル紙幣と金との兌換一時停止を宣言し、ブレトンウッズ体制ともスミソニアン体制とも言われる通貨制度の終結を告げました。これがいわゆるニクソンショックです。

非常におもしろい話だと思うのですが、あまり正統派の経済学者たちのあいだでは取り上げられていない話題があります。それは、金本位制の2段階を区別しなければ、現代金融市場の混迷の根っこにある問題も、なにがなんだかわからないということです。

そもそも金本位制は2段階ありました。19世紀半ばくらいまでは、本物の金本位制です。つまり、世界中どこの通貨を使っていても、これは金何グラムの価値だという共通点があるので、貿易の不均衡にしても万年赤字の国はそのまま放っておけば金がどんどん流出してしまうので、なんとかくい止めようとする自律的な復元機能が働いていた時代でした。

その次の段階、特に第二次大戦後はっきりと明文化された金本位制は、実は金本位制というよりは「金固定相場制」です。固定相場制という用語自体が、形容矛盾の最たるものです。上がったり、下がったりするからこそ相場なのであって、上がりも下がりもしない価格で需給をうまく調節できるはずがありませんから。

実のところ、固定相場制自体も2つの段階がありました。第二次大戦前は、各国が自国の通貨で金1グラム買うのにいくら必要か決めていたのです。イギリスは何ポンド、アメリカは何ドル、日本は何円必要と決めていました。ところが、第二次大戦後は米ドルでは必ず金1オンス＝35ドルにしました。世界中の他の通貨は米ドルに対して、円であれば1ドル＝360円という固定制にしました。つまり米ドルを媒介にして世界中の通貨が金で計ればどれくらいの価値を持つかを固定してしまったわけです。

これでは世界各国がそれぞれ独自に決める固定相場制よりも、はるかに経済的な歪みがはっきり出てしまいます。米ドルに対して各国の通貨を固定しても、強い通貨、弱い通貨が出てきてしまいます。明らかに不自然な制度だったので、これが死滅するのは仕方のないことだったのですが、その死滅のさせ方が最悪の方法でした。

固定でうまくいくはずのないものを強引にやり続けていたころ、特に日本やドイツの通貨は実力が高いのに、あまりにも米ドルに対して安くなりすぎて、アメリカ製品はどんどん日本やドイツの製品に市場を奪われていきました。どうにもならなくなり、ニクソンが1971年に突然、「金兌換を停止します」と宣言した。そのたった一言を言っただけです。実は公式論を振り回せば、スミソニアン体制は一度も廃絶されてはいません。一時停止された状態が、1971年から現在まで延々と続いているだけなのです。

それはあくまでも公式論であり、実際には金固定相場制はまったく実情に反する無理なシステムだったので、いずれは崩壊する運命にありました。しかしながら、金・ドル固定相場を停止したあと、世界中の通貨がそれぞれの市場の実勢に合わせて金1オンスに対していくらになるかを時々刻々変えることによって、世界中どこでも通貨の価値を一定にさせる本来の金本位制の方向に戻ることはしませんでした。

Q

つまり現在の外国為替の変動相場制は、一時しのぎだということですね。一時しのぎだということの弊害はどんなかたちで表れているのでしょうか？

A

この「米ドルを基軸とした金固定相場制に戻ることはできますが、いまのところは変動相場でやりましょう。もし変動相場でうまくいかなくなったら、いつでも元に戻そうと思えば、すぐ戻せます」というかたちにしていることの実際上の最大の弊害は、世界中の先進諸国、後進国も同じなのですが、通貨の発行量に歯止めがきかなくなってしまったことです。

いまや世界中の不換紙幣にはなに一つ担保はありません。それぞれの国の中央銀行が、我々はこの通貨の価値を守りますと口約束をしているだけなのです。その口約束だけが担保で、無利子で返済期限のない借用証がどんどん出回っている状態です。しかもその借用証の発行限度にも制限があるような、ないような不思議な状況です。

一応、アメリカ議会は米ドルではなく、米国債の発行済み残高に限度枠があるので金融全体に歯止めはかけてあると口では言っています。でも、その限度は「必要」に応じてどんどん上がっていくので、実質上、米国債にも不換紙幣としての米ドル札にも発行限度はありません。発行限度がなければ、際限なく通貨を発行することによってインフレの目減り分が発生し、借りていた元本価値の目減りによって儲かる人たちがいる。そういう状態が続く限り、どんどん発行されていくことになります。それで慢性インフレの世の中になってしまいます。ニクソンのドル兌換「一時」停止宣言は、最悪の事態を招いたと私は思います。

Q 金＝ドル固定相場の時代、Fedの地下金庫に各国が金《きん》を預けていたと聞きましたが？

A 昔はたしかに金準備を各国がアメリカに預けていました。ただし、その建前通りの金の量をフォートノックスというケンタッキー州の田舎にある砦の地下室に、Fedがほんとうに持ち続けているのかどうかというのが、また怪しい。

ドイツは保有する金準備3000トンのうち、アメリカに1536トンを預けています。日本が保有する金850トンも、ほぼ全額がこの金庫に眠っていることになっています。

2013年、この金塊をドイツが返還するようアメリカに要請しました。ところが、これがなかなか返ってこない。ほんの少しだけ取り戻すのに、かなりの時間と折衝の労力を使いましたからね、ドイツは。もう金庫にないんじゃないかという説も、かなり有力です。

それを心配しはじめた国は、もう取り戻そうと一生懸命裏工作を続けています。しかし、日本政府は米国債を持ち続けているのとまったく同じように、実際には日本にはなくてアメリカのフォートノックスにあるということになっている金塊を平然とそのまま放置しているようです。アメリカも日本も、とりあえず政権を担っている人たちは自分の任期中はごまかせればいいいと思って、先送りにし続けているというのが実情でしょう。

返ってこない金塊は、持っていても売れない米国債と同じですね。しかし、それを日本の高官が言い出すことはない。かつて故橋本龍太郎首相が、「大量の米国債を売却しようとする誘惑にかられたことは、何度かある」と、米国債の売却について言及しただけで政権から引きずり降ろされ、闇献金疑惑で失脚し、政界引退に追い込まれました。亡くなり方もかなり異常なかたちでの不審死でした。偉そうなことを言っていても、日本の政治家は橋本龍太郎の末路を知っているので、怖くてなにも言えないでしょうね。

Q

金本位制は非実用的な制度なので、廃止されて当然だったという経済学者もいますが？

A

たしかに「大規模で複雑で、どんどん進歩し、変化する経済に金本位制は適応できない窮屈な制度だったので、廃止されて当然だった」という説が経済学者のあいだでは支配的です。

しかし、これもほんとうに馬鹿げた話だと言わざるを得ません。なぜなら、「金本位制は非実用的だから、当然廃棄される運命だった」というようなことを言う人たちが、「一体、なぜ金本位制で不都合が起きるのか」を論理的にまったく説明していないからです。

たとえば現在、金は世界中に大雑把な計算で17万トンくらいあります。その17万トンという量は、毎年毎年1・5～・1・7％といったわずかな量ずつ増えていきます。金の年間産出量は、だいたい2000～2500トン。その程度です。

金本位制は非実用的だという人たちは、「担保になるものがこれほど少ないのに、世界中の経済がどんどん発展して、モノやサービスがあふれ返っているから、これを放置しておけば、金が足りなくなって不況になってしまう」と、わけのわからないことを言います。

しかし、そんなことはまったくありません。金1グラムあたり（欧米では、グラムではなく、トロイオンス＝約31グラムという単位を使うのがふつうですが）の価格が高くなれば、いくら経済が拡大しても、それなりにちゃんと金を担保にした、いつでも金と交換できる紙幣を流通させられるはずです。すると今度は、「金が高くなりすぎたら誰も買わなくなるので、担保となる資産が目減りするから流通が滞るようになる」と反論するのですが、高くなるから買わなくなる人は、そもそも金など保持しません。

金を持つ最大の理由は、安全な資産で、しかも長い目で見れば必ず高くなると思うからこそ買うわけです。そういう意味では、金は一般的な商品やサービスとは違います。安全性があって、しかも長期で見れば、必ず価格が上がるものだからこそ、あれだけ尊重されているのです。論理的に考えていくと、金本位制は実用性がないという議論には、なに一つ根拠がありません。

世界中の金融政策当局が、なぜあれだけむきになって金本位制を廃止したのかと言えば、最大の理由は金本位制に縛られていると、通貨の発行量が担保となる金の量で限定されてしまうからです。自分たちの権限でできることが制約されてしまうということです。要するにお札を思ったように刷れない。その刷れないこと自体も慢性インフレを維持したい側にとっては、困りものです。それもさることながら、自らの裁量でできる範囲が狭まってしまうことが、権力者にとっては一番困ることなのです。

裁量権を一度持った人間は、際限なく裁量権を拡大していき、人々の生活の隅々まで支配して、なにもかも自分たちの裁量で自由自在に操ろうとします。それに対して金本位制は、なにがあろうと金を担保に持っていなくては通貨を発行できないという縛りがかかってしまいます。当然、権力者としては、そんな制度はなるべく早く廃絶したいと思うでしょう。

それに経済学者たちの大半が乗ってしまった。乗ってしまった最大の理由は、経済学者の職業的な身分によるものが大きいと思います。経済学者が生産する主要産物は二つあります。一つはもちろん経済学の論文や本です。もう一つは、自分の次の世代の経済学者を生産しているわけです。自分が生産した経済学者たちを雇ってくれるのは、国であり、大手金融機関であり、一流企業で経済学者を雇う余裕があるようなところです。

国や大手金融機関や一流企業は、借金すればするほど儲かる慢性インフレを欲している。そうすると経済学者は、いろいろ理屈はこねますが、簡単に言えば権力になびいて、みな万年インフレ賛成論になってしまうわけです。ほんとうに金融の世界は、こんな身も蓋もない話ばかりです。

Q プラザ合意以後、あまりにもひんぱんに金融市場が混乱しているように思えますが？

A

たしかにそうですね。1970年代から80年代の前半は、すでにお話したニクソンショック、第一次オイルショック、第二次オイルショックと金融市場を撹乱しそうな要因は目白押しでした。にもかかわらず、実際に金融危機に発展したのは1982～1983年のアメリカ貯蓄貸付組合危機だけですし、財源の小さな地方の零細金融機関中心の危機だったので、損失額も大したことはありませんでした。

それに比べて、1985年9月22日のプラザ合意以降、1987年のブラック・マンデー、1989～1990年の日本のバブル崩壊、1997～1998年の東アジア通貨危機・ロシア国債危機、2000～2002年のアメリカのハイテク・バブル崩壊、2008～2009年のリーマン・ショック（サブプライム・バブル崩壊）、2011～2012年のヨーロッパ国債危機とあまりにもひんぱんに金融市場が混乱しています。

まず、プラザ合意で世の中がどう変わったかということから考えましょう。簡単に言うと、プラザ合意は内臓疾患を絆創膏で止めたくらいにすぎません。

当時、世界でなにが起きていたか。1970年代後半から80年代前半は、いろいろな経済潮流の大きな変化が起きていました。その変化は、政治や経済の政策によって解消することはもちろん、多少緩和する程度のことさえむずかしいような変化でした。

一つは、戦後経済秩序の柱をなしていたアメリカとソ連との冷戦体制の実態が、アメリカのワンサイドゲームになっていたことです。冷戦体制を理由に、ある程度の我慢を国民に強いることができなくなってきたのです。

もう一つはヨーロッパの凋落です。もともとヨーロッパは、どこか一国が大陸を制覇している時代は強くなりますが、ヨーロッパ諸国民が連帯して大きな国になりましょうといったことを行うと、必ず失敗していた地域です。その歴史を反省することなく、最初はEEC、ついでEC、そしてEUとヨーロッパ共同体構想を強引に実現しようとしていました。

ヨーロッパは一国が強くなって統一というのは現実性のある話ですが、弱者連合は成功したことがない地域です。寄り合い所帯として統一しようという企ては必ず崩壊していたのに、またそれをやってしまった。国際政治、外交の面では、冷戦体制の崩壊とヨーロッパの弱体化が進行していたのです。

経済の一番大きな潮流としては、製造業よりサービス業のほうが強い世の中に変化していました。いままでの製造業重視の資本の蓄積が、どんどん意味をなさなくなってきたのです。

世界中の先進国がほとんど全部、この時期に成長率の鈍化を迎えています。なにか画期的な新製品を大量生産すれば、ドッと単価が下がり、需要も拡大し、それで高成長ができるという世の中ではなくなっているのに、なんとか製造業を盛り上げるために資本の蓄積を拡大し、いままでは独占に通ずるからダメだと言っていた製造業大手同士の合併をむしろ積極的に奨励しました。

金融業最大の役割は、強い企業が株式市場で新株を発行したり、債券市場で社債を発行したりして、割安に大量の資金を集めて、ますます規模を拡大するのを助けることにあります。でも、最近では潤沢な資金で大規模化投資をすれば、コストが下がって安く売ってもちゃんと利益が上がり、ますます需要が増えてさらに大きな資金を集められるようになるという製造業に典型的な拡大再生産サイクルが、あまり長続きしなくなっています。

むしろ、金融業界がますます力を得て、彼らが集めてきた資金をほとんど無理やり製造業に注入して規模の拡大を試みたり、放っておいたほうがいい企業同士の合併のために大金を調達させるようなスキームを組んだりします。でも、製造業のほうではゲップが出るほど設備能力が過剰化している。初めからダメなことがわかっていることに金を無駄遣いすることによって、金融業だけがどんどん肥大化していきます。

本来は、サービス業全体が豊かになって潤い、サービス業に勤めている人たちの給与が上がって、消費が活発化して経済成長が持続的に拡大する方向にいくべきだったのです。ところが、製造業が落ちぶれて金融業だけがサービス業の中で儲かり、本格的に成長の基盤をなすべきだった金融業以外のサービス業がいつまでも低賃金、小規模で技術革新も進まない。その中で、消費の8割以上はサービス業が担うということになってしまいました。

この大きな時代の変化は、政治や経済政策で解決できるような話ではありません。ところが強引に政治や経済、特に国際外交や国際金融の中で小手先の手を打っていきます。ある国の通貨が強くなりすぎたから弱くし、ある国の金利が高すぎるから下げさせる。その集大成がプラザ合意だったのです。

以降、それまでは100年に一度起きる程度だった国際経済危機が、6、7年に1回の頻度で起きるようになりました。そもそも対応できない問題に外交や経済政策で対応しようとしたので、かえって傷を大きくしたのです。

プラザ合意によって、日本円の価値は倍になりました。日本経済が順調に成長していく中で、自然に円が強くなったのです。いままでだったら360円出さなければ買えなかった1ドルが180円、160円で買えるようになった。ついにはたった80円で買える時代もきました。これは明らかにいいことです。

日本人はそれまで固定相場制の下で稼ぐ割には、世界中から輸入するモノやサービスがあ

1618年以降の金融危機発生間隔と20年累計勃発件数

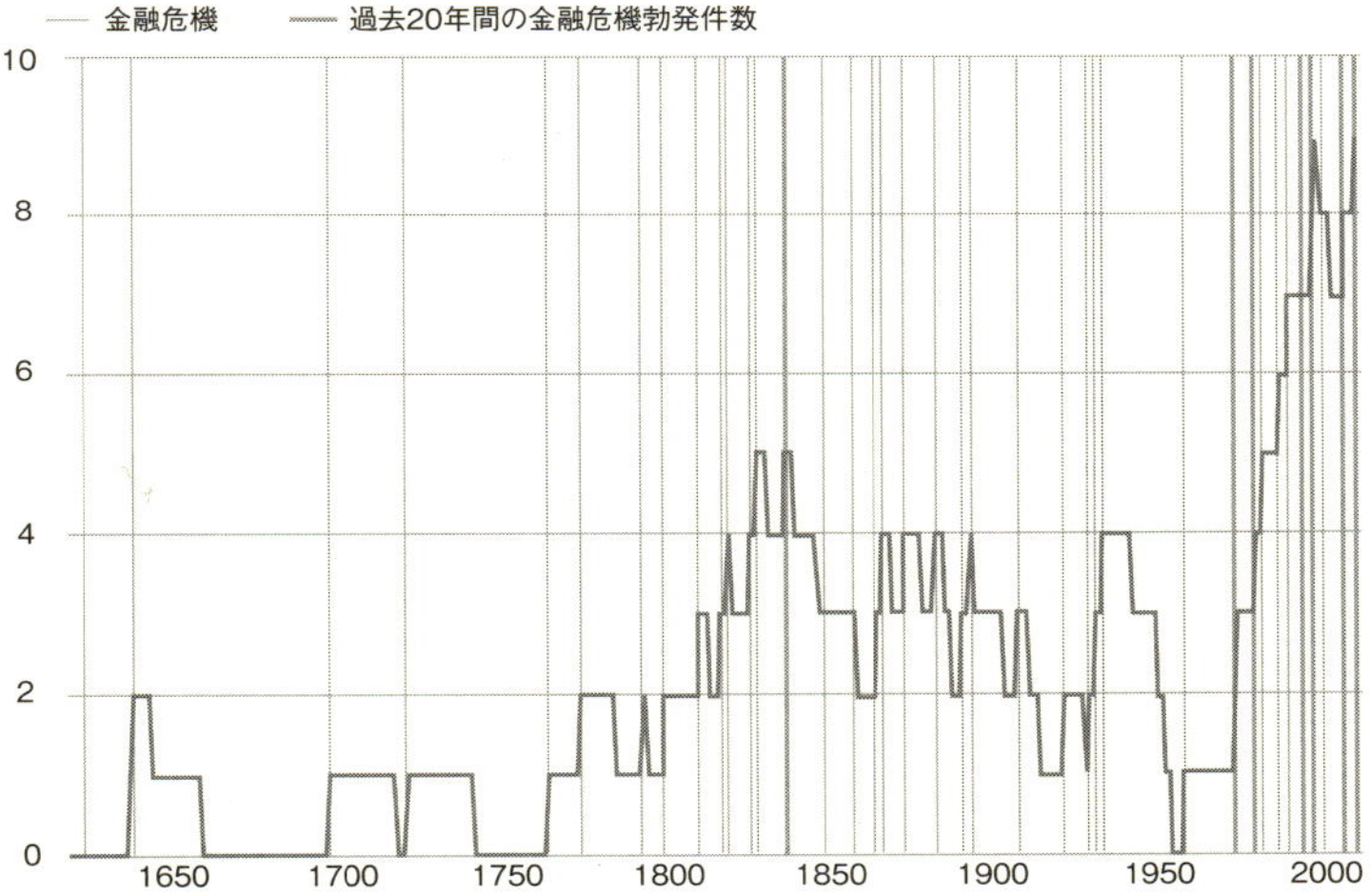

出所：『Edelweiss Journal』、第14号（2013年11月4日）より引用

まり増えないという状況に延々と置かれていたのが、円が急騰することによって、やっと日本国民の実力に見合った消費が、国際的な貿易の中でもできるようになった。それはまちがいなく日本国民全体にとっての利益なのです。

しかしながら、そのころから「円高になると、日本の輸出産業が壊滅する。だから円安にしなくてはいけない」と延々と言い続けている人たちがいます。しかし、現実に1ドル＝360円が80円になっても、輸出産業は全然へこたれませんでした。

現在、120円から100円になったら、「もうダメだ」と言っている。円安にして輸出産業を助けるということは、基本的に「ちょっとでも輸出先での価格が高くなったら売れないようなものしかつくれない企業も助けてやるよ」と宣言しているようなものです。実際に輸出産業はますます弱くなってしまいました。「もっと弱くなれ、弱くなれ」という政策を延々とやっていれば、それは当たり前のことです。

ちょっと話を戻します。プラザ合意以降、世界経済は常に混乱しています。結局のところ、先進国の各中央銀行を牽引しているのはアメリカのＦｅｄです。要するに連邦準備制度の金融政策がまったく機能していないということになります。これが6、7年に一度は必ず金融危機が起きている最大の理由です。

より根源にある理由は、先程もお話したように、製造業主導の時代からサービス業主導の時代になり、国民の消費水準を高めることが一番効力のある経済政策だと先進諸国が素直に認識せず、いまだに製造業を助けるために金融を肥大化させているからです。肥大化させた金融が、どこにその資金をつぎ込んでリターンを得ているか。最近は中国をはじめとするいわゆる新興国でした。さらに、その中国をはじめとする新興国にエネルギー資源、金属資源を納入している資源国へ投資することで高収益を得ていたわけです。

Q 慢性化した金融危機と、上海株式市場の大暴落は一連の現象でしょうか？　異質な要素があるのでしょうか？

A

2015年8月の上海株式市場の大暴落は、強蓄積＝高成長路線がもう終わりになったというサインだと思います。つまり、いままで中国は資源浪費で見かけ上の高成長を延々と保っていました。中国が輸入してくれるから、エネルギー資源や金属資源などに巨大な金額の設備投資をし、石油会社や鉱山会社が表面的にはたいへん繁栄していたわけです。

ところが、中国が、ふつうに投資をした資金が収益を生むどころか、資金そのものが返ってこないような国になってしまった。まず、資源の輸入がほとんどできなくなりました。資源の輸入ができないから、その資源を使って組み立てて輸出することもできなくなりました。輸入が大幅に下落し、輸出がそれに連れて徐々にプラス成長からマイナス成長に移行していくことがはっきりしたのが昨年2015年の7〜8月だったのです。それで上海株式市場が暴落したわけです。

これはアメリカの金融業界にとっては、ものすごく大きな衝撃でした。アメリカの金融業界の高収益の源泉は、ほとんど海外取引です。アメリカ国内でも金融業はたしかに他の産業に比べれば収益性が高い。ただ、1970年代から現在に至るまで、国内事業ではその高い収益性がさらに高くはなってはいません。

第二次オイルショックが失敗したころから、産油国が稼ぐ原資を狭い自国経済の中では運用できなくなり、アメリカに還流させて、アメリカの証券会社や投資顧問会社に儲けてもらうようになりました。資本を出した産油国の収得する利益よりもアメリカの金融業者の稼ぐ手数料のほうが大きな儲けになるような、いびつな取引をアメリカの金融業はしてこれたのです。

中国や産油国といった経常黒字を慢性的に出している国が、自分の国で運用できない資金をアメリカに運用してもらい、バカ高い手数料を払っていたことが、アメリカの金融業界を支えていたのです。それがダメになったわけです。

昨年から上海総合株価指数が少し回復しては、もっと大きく下げるパターンをくり返しています。いままでの国際金融危機と違い、金融で資本をかき集め、それを比較的展望の明るい新興国、資源国に投資すれば、まだまだ儲け続けることができるというスキームが、もう破綻しているということを示しています。

ですから、中国や資源国で国民経済の危機が深化し続け、それに連れてアメリカの金融業

Fed（と前任者たち）がつくった10年債金利サイクル、1790〜2013年

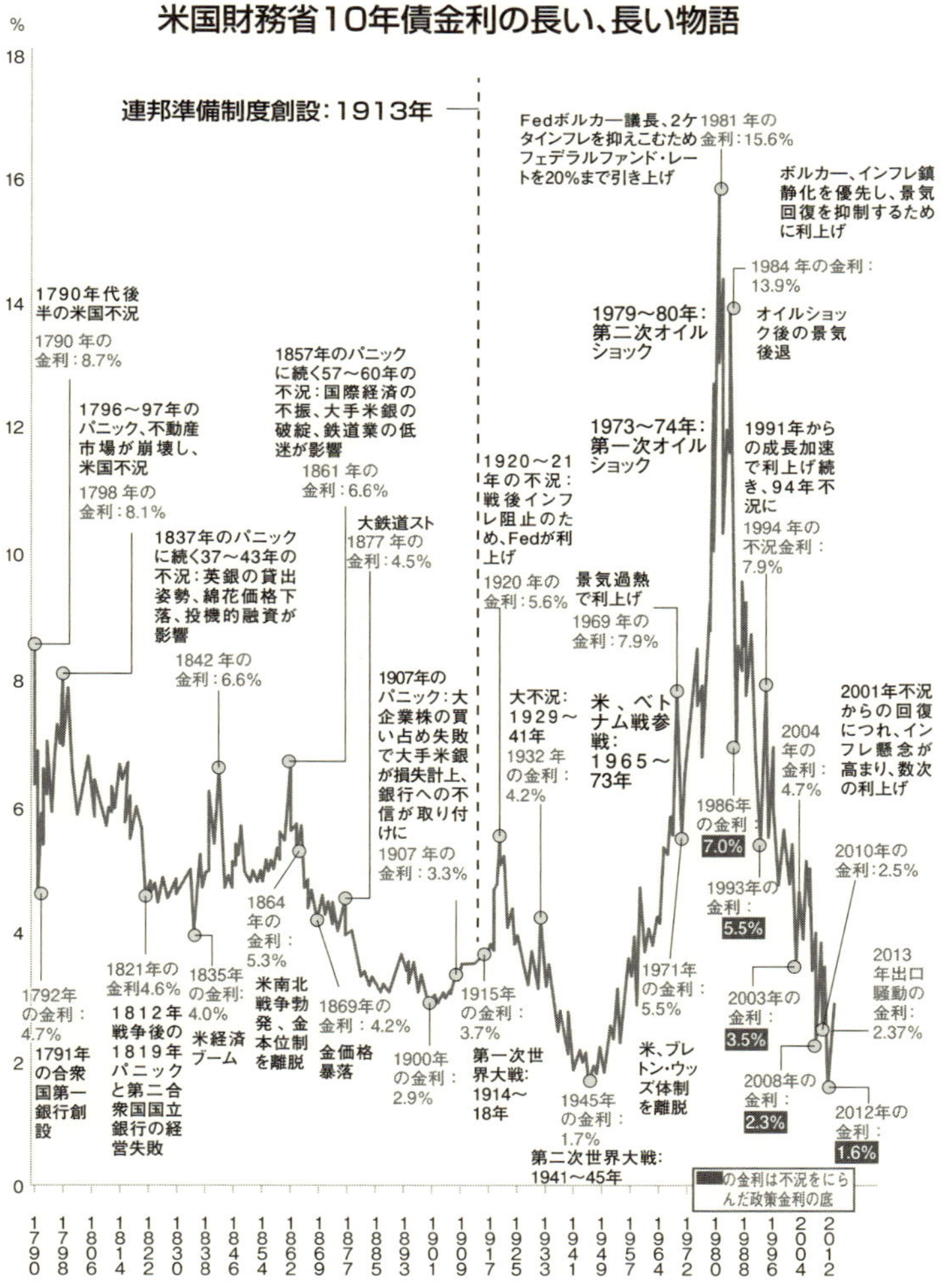

原資料：ゴールドマン・サックス　グローバル投資リサーチ
出所：ウェブサイト『Acting Man』、2014年5月22日のエントリーより引用

がいままでのような儲かる産業ではなくなり、むしろ大きな欠損を出すような産業に変わりつつあるということになります。そういう意味では、上海大暴落はかなり画期的な変化だったと思います。

その金融業界の肥大化を背後から助けていたのが中央銀行です。いわゆる量的緩和です。量的緩和を導入する前は、金利を下げれば投資に積極的に資金が集まり、景気がよくなるという理論で、金利を下げていました。ところが、フェデラルファンド・レートで言えば、4％くらいだったものを1％以下にしても投資が増えない。

そこで、金融市場から債券や証券類を買い取り、代金を金融市場に直接つぎ込むことにしました。それで景気がよくなるだろうという金融政策が、金融緩和の中での量的緩和です。量的緩和でアメリカ国内の設備投資が伸びたかというと、ほんの少し伸びましたが、ほとんど変わりません。資金の大部分はどこへいったかというと、中国や資源国でした。中国の資源浪費をますます奨励する方向へ、莫大な金額が注ぎ込まれたのです。

それを最初にはじめたのは、明らかにFedです。ところが、Fedも怖くなって、現在は量的緩和を一応棚上げにしています。むしろフェデラルファンド・レートも少しずつでも上げていきたいという方向にスタンスを変えました。

アメリカのFedが「怖くなったからもう手を引きたい」と言っているのに、金利をマイナスにし、量的緩和はＦｅｄの2倍、3倍のペースでやっているのが日銀であり、ＥＣＢ（欧州中央銀行）です。

金利を下げても少しも景気が回復しなかった。量的緩和をやってもまったく景気が回復しなかった。そこで、金利をマイナスにして、量的緩和の枠を広げるというのは、どう考えても、二重に愚鈍な方針です。まず、一つ一つバラバラに試してみてダメだったのに、二つ一緒にやれば効果が出るだろうというのは、論理的にも根拠がありません。

さらに、金融緩和の意図は、安く借りられるカネの量を増やせば、いままでは二の足を踏んでいた投資に踏み切る企業も増えて景気がよくなるだろうということにあります。ところが、マイナス金利というのは銀行にカネを預けると、利息が稼げるどころか手数料を取られてしまう世の中にするということです。そうなると、投資をしたり貯蓄をしたりするより、現金をそのまま持っていたほうが得だと考える人が増えて、ますます経済活動に資金が回らなくなります。

日銀がマイナス金利政策を導入したとたんに、日本中で手提げ金庫の売れ行きが急上昇し、在庫が払底して大騒ぎになりました。日本国民は、見るところは見ているのです。

反対に、現在の日銀や欧州中銀は、これらの事実を冷静に考える能力を持っていない人間が、総裁や幹部職員をやっているという以外の説明はないでしょう。金融業界や大金持ちで、自分の資金だけでなく膨大な借金をして信用売買をするような人たちにとっては、最高の世の中です。ただ、どう考えても、日銀の黒田総裁やＥＣＢのドラギ総裁が、まさかその連中にご奉仕するために、これだけバカげた政策を延々と続けているとは思えません。それほど、その連中から莫大なワイロを受けているわけではないでしょう。

そこまで悪辣じゃないとすれば、要するにバカなだけじゃないのかなと、ふと考えてしまいます。世界三大中央銀行のうち二つが、完全なバカに支配されているとすれば、これはたいへんな世の中です。残念なことに、それ以外には明らかに国民経済にとってマイナスなことを延々とやっている理由の説明がつきません。

金利の引き下げでも、量的緩和でも、何回やってもほとんど効果が出ていないのに、「これはまだ金利を下げ足りないだけだ。まだ量的緩和の量が少ないだけだ。もっとやれば、いつかは突然、景気がよくなる」という幻想を抱いている。幻想というよりも妄想です。

第3章

中央銀行とはいったいなんだろう?

Q 中央銀行は民間銀行なのでしょうか？ 国家の機関なのでしょうか？

A 中央銀行は、世界中どこでも国家の機関であるような、民間企業であるような、あいまいな立場を意識的にとっています。その最大の理由は、前の章でも触れましたが、金融政策そのものについての批判をかわすための目くらましという意味が非常に大きいと思います。

何か失敗をしたとき、「中央銀行が実は民間のユダヤ系資本に乗っ取られているから、あんな悪いことになった」とか、「中央銀行は本来市場の働きに応じて政策を立案すべきなのに、国が介入して、国の政策の道具として使われているからだ」と逃げられる。

中央銀行の弊害を議論するとき、純然たる民間企業でもなく、純然たる国家の機関でもなく、ヌエのような組織であるというところに多くの人が注目してしまい、本質的な問題に目が向かなくなっているように思います。つまり、中央銀行が通貨の独占発行権を持っていることが諸悪の根源なのですが、そこへ目を向けさせない。

ところで、「いまだに中央銀行が中央銀行券を発行できるから問題だ。たとえば財務省券というかたちで政府が直接発行できるようになれば、それで金融問題が解決する」と真面目に主張する人がいます。

そもそも銀行券とは、中央銀行が「この紙切れには、額面に書かれた通りの価値がある」と保証したものです。実際的な機能としては、利息なし、償還期限なしの借用証です。その利息なし、償還期限なしの借用証がなぜ通用するかといえば、「中央銀行ともなれば、あまりでたらめなことはやらないだろう」と世間一般が信頼を抱いているからこそ通用するわけです。

この仕組みについては、中央銀行が通貨を発行しようが、一国の財務省が出そうが、まったく中身は同じです。要するに中央銀行や財務省のやることを、一般庶民が信用できるか、できないかの問題です。信頼できているうちはなんとかなりますが、できなくなったとたんデフレになったり、ハイパーインフレになったりします。

だから、「日本銀行券だから問題だけれど、日本国財務省券になれば少しはマシになる。あるいは金融問題が解決する」という説はまったく理論的ではありません。

「日銀総裁は、政府が任命するわけですよね。一民間企業のトップを政府が任命するのはおかしい」という人もいます。

日銀は世界中の中央銀行の中でも珍しく、店頭市場に株を公開しています。しかし、日銀の株は、ふつうに持ち株の数を発行済み総株数で割っただけの経営権が与えられるという意味のある株券ではありません。公開されている日銀株をどんなにかき集めても、その分だけ経営権を得るという仕組みにはなっていません。あれを株券と称すること自体が、実は詐欺みたいなものです。

他の国の中央銀行は上場もしていないし、株券も流通もしていません。一民間企業と言っても、これだけ株式会社制度が発達している中で、偽株券しか発行していない、あるいはそもそも株を流通させていない企業が、ほんとうに民間企業と言えるでしょうか。やはり、制度的にも単なる民間企業という主張をするのは無理でしょう。

世界中どこの中央銀行の総裁も国が任命することになっています。その国の金融業界の利益代表を国が任命し、承認する。世界中どこを探しても、それ以外の方法はありません。中央銀行を民間企業と称するのは、欺瞞と言えば欺瞞ですが、通貨発行権をたった一つの業者なり国の機関なりに独占させる一番本質的な欺瞞をごまかすための小さな欺瞞にすぎません。

たすき掛け人事の大好きな日本では、だいたい日銀の生え抜きと旧大蔵省、現財務省出身者を交代で日銀総裁にすることになっています。ときどき、旧大蔵省出身で金融行政をまったく知らない人をポンと任命して、大騒ぎになることがあります。日本国民にとって残念なことに、現日銀総裁の黒田東彦氏がその典型で、旧大蔵省では税務と外国為替しか担当したことがなく、金融政策はずぶのしろうとなのです。

Q 黒田東彦氏を日銀総裁に据えたのは、それほど変則的な人事だったのでしょうか?

A

変則的というよりは異常事態で、たすき掛け人事という「儀式化した無責任体制」の弊害ばかりが突出した人事ですね。

第二次安倍内閣発足当初から、この政権を担う要人たちは、海外の金融当局や金融メディアからも受けがよかった前日銀総裁、白川方明氏の留任は絶対に困ると思っていました。「しょせん、金融政策は経済の流れに沿ったことしかできず、金融政策で経済の流れを変えることなどできない」という正論を頑として曲げない人物だからです。

しかし、後任を探そうにも、旧大蔵官僚の中で金融政策の実務に携わっていた人たちは、デフレの定着していた日本のインフレ率をたった2年間で2%台に定着させるなどということができると思う人はいませんでした。つまり、旧大蔵省の金融政策畑には、デフレという怖い猫の首に鈴を付けようという勇敢なネズミがいなかったのです。そこで「政府のおっしゃることなら、たとえ不可能なことでも気合でやって見せます」と手を挙げた黒田東彦氏にやらせようということになったわけです。

当時の安倍政権内部の腹づもりで言えば、たとえ黒田さんが金融政策でとんちんかんなことをしようとしても、「2年間でインフレ率を2％に上げるという公約を守れなかったら、即時辞任する」と大見得を切った高名な経済学者をお目付け役として副総裁に据えたので、なんとかなるだろうということだったのでしょう。ところで、この経済学者氏、2年後にまったく目標を達成できなかったにもかかわらず、そのまま副総裁に居座っているし、最近は新聞記事にして1～2行のコメントさえまったく見かけなくなったことにお気づきでしょうか。

どうやら、自分の経済予測はことごとくはずれるし、自信満々で打った手がちっとも効果を発揮しないので、精神的に不安定になっているらしいのです。そこで外部の講演などに行っても、ときどきあらぬことを口走るようになってしまって、ご当人はさすがに止めたいのですが、日銀が口封じのために飼い殺しにしているというのが真相なようです。

政府・日銀としては、元日銀理事とか、良心的な経済学者とかが、正面から「インフレ政策は景気浮揚にも経済成長率加速にも役立たない」と批判することは痛くもかゆくもないと思っているようです。「どうせ日本国民の大部分には、金融政策を論理的に理解できるほどの知的能力はない。少数派が細々と正論を吐いたところで、我々が組織の力で百万遍、インフレで日本経済は再生しますと唱えれば、ウソのほうが真実に聞こえるはずだ」とタカをくくっているのでしょう。

ですが、自分なりに誠実に「2％インフレ」実現のための方策を考え続けてきた高名な経済学者が、現実と自分の理論とのあまりの落差に、精神状態がおかしくなってしまったというところを国民に知られたら、これは知ではなく情に訴えるので、怖いわけです。

Q　2％インフレの定着というのは、それほど実現するのがむずかしい政策なのでしょうか？

A

むずかしいどころか、絶望的だということを、最近ではあの黒田日銀総裁でさえ、認めています。

1998年から現在までの日本のコアインフレ率（生鮮食料品をのぞく消費者物価の年間上昇率）を見ると、1990年代末から直近の2016年6月にいたる全期間で、日本のコアインフレ率はゼロからマイナス1％の範囲内にしっかり定着しています。

このゆるやかなデフレ基調は非常に安定していて、2008～09年の国際金融危機のような国外要因による大波乱があっても、不景気の中で消費税率を突然3パーセンテージポイントも上げるというような内政における暴挙があっても、一過性の混乱があるだけでその混乱のあとは、なにごともなかったかのように0〜▲1％という元のサヤに収まっています。

そして、参院選の総括は終わったけれども、久しぶりに自民党が分裂選挙となった都知事選の投票を目前に控え、政局に関心が集中していた7月下旬、黒田日銀総裁による爆弾発言がありました。突然「年率2％のインフレ達成という旗は降ろさないが、今度はこの目標を達成する期日を後ろ倒しにするのではなく、達成期間のメドを示さない目標とする」と宣言したのです。

これは、責任回避どころか、敵前逃亡にも等しい居直りです。アベノミクスと言い、黒田日銀の異次元緩和と言っても、具体的に意味を持つ政策目標は「2年以内に年率2％以上のインフレを定着させること」だけでした。あとは抽象的な美辞麗句と2％インフレ目標達成のための政策手段を並べ立てていたにすぎません。

その唯一の政策目標について、「実現の期日は不明だが、できるだけ早く実現できるように努力する」というふうに態度を変えたのです。安倍内閣で大臣、副大臣（旧政務次官）級のポストを占めた政治家、財務省で金融政策を担当している高級官僚、日銀幹部にひとかけらでも良心とか責任感とかがあれば、当然総辞職を申し出るべき事態です。この大問題を平然と見すごしているマスコミは、いったいなにをしているのでしょうか。

これは、「この不景気の世の中で年率2％のインフレが定着してしまったら、庶民の生活がもっと苦しくなるから、目標の達成期限が無期延期になってよかった」という問題ではありません。現政権、財務省、日銀にはすべて「インフレ率を上昇させることに役立つから」という理由で数々の失政を重ねてきた政治責任があります。

そもそも民主党（現民進党）の政策音痴集団が言いだした不況下の2段階消費税引き上げの1段目も、口先介入による円安誘導も、「インフレ率を高める役に立つから」という根拠で自公政権がやったことです。そんなことばかりしておいて、いまさら「この目標はいつ達成できるか、わかりません」ですませられるわけがないでしょう。

後世、安倍政権の崩壊は、反乱分子が党公認候補よりはるかに高得票での都知事選に勝利したことと、黒田日銀総裁が「インフレ目標達成期限の無期延期」を宣言したことではじまったと言われるようになるでしょう。

Q 中央銀行の責務とは？

A

中央銀行の責務として一番よく言われるのが「物価の番人」です。あるいは、世の中に出回っているお金の総量（マネーストック）を拡大したり縮小したりする「マネーストックの番人」です。ここまでは、一応は理屈の通る責務です。

ところが、1971年のニクソンによる米ドルの金兌換停止宣言以来、為替相場が大きく変動するようになり、世界各国の中央銀行は「為替の番人」でもあると言い出しました。これはどう考えても越権行為です。為替に日銀なりＦｅｄが関与できるわけありません。自国の通貨の量や金利を決めるのは、一応は各国中央銀行の専権事項です。自国の通貨と他国の通貨の交換比率は、一国が決められるものではありません。ところが、どういうわけか、「通貨が異常な動きをしているから監視している」などと日銀が、平然と言うわけです。

第1章でもお話しましたが、変な国が通貨を守るために市場に介入し、ぼろ負けして財政危機がますますひどくなったという例もあります。マレーシアが失敗しました。イギリスもポンドを守るための通貨介入をやり、やはり大損して、売り向かっていたジョージ・ソロスを世界的な大金持ちにしました。できるはずのないことをやれば、必ず失敗する。それだけ

アメリカの主要な戦争と年間インフレ率推移、1774〜2007年

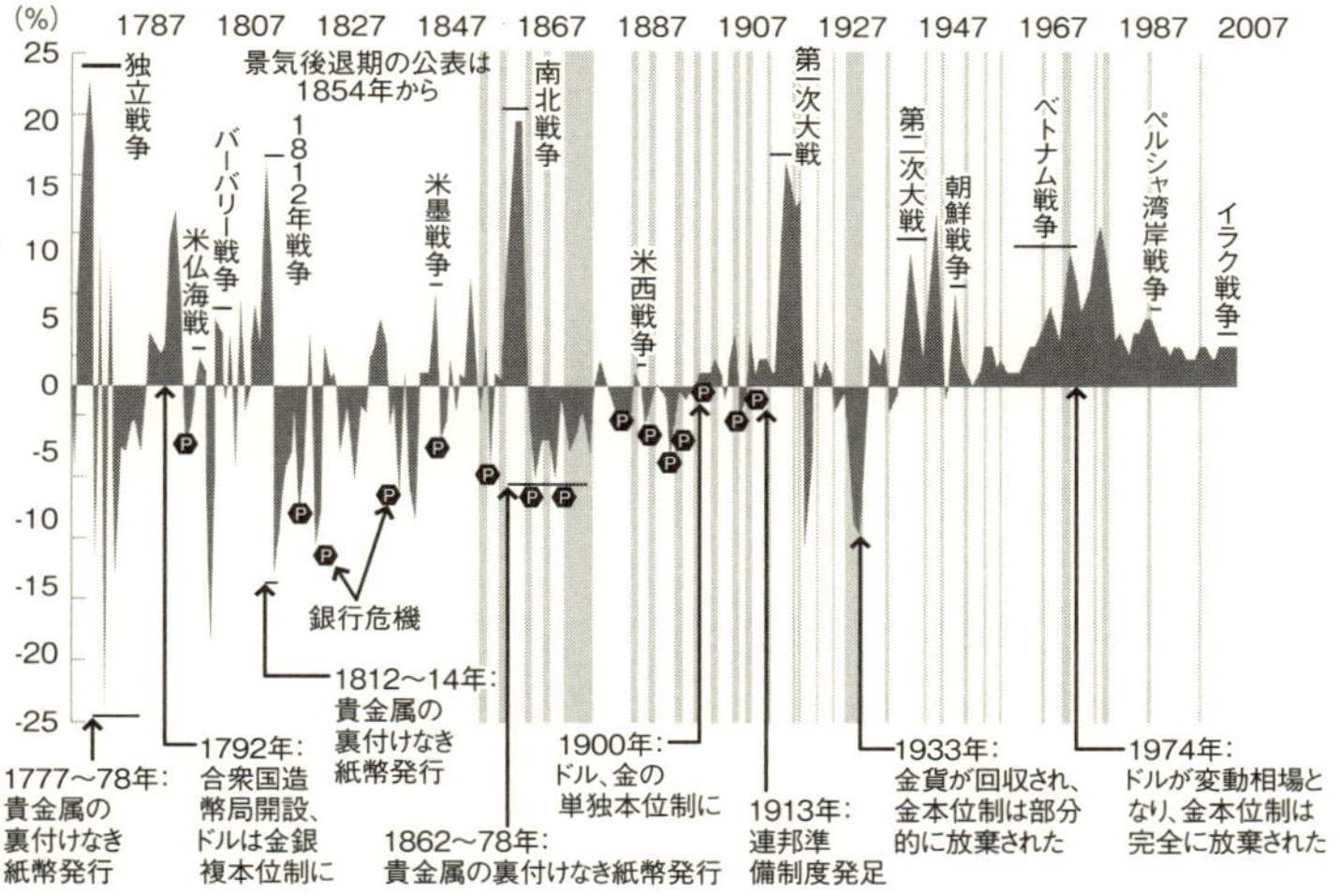

出所：ウェブサイト『Visualizing Economics』、「Inflation Annual % Change—1774-2007 United States」のエントリーより引用

のことです。

「通貨の番人」は論外としても、「物価の番人」「マネーサプライ（通貨供給量）の番人」、あるいは「金利の番人」といった本来できるはずのことを、各国の中央銀行はできているでしょうか。実際のところは、100点満点でマイナスしかつけられないようなお粗末さです。

世界中で中央銀行の役割が拡大すればするほど、金利も通貨供給量も物価も乱高下するようになりました。その乱高下が特に物価の場合、中央銀行が強くなればなるほど、インフレ方向に一方的なバイアスのついた乱高下になってしまいます。インフレ率はどんどん上がり、めったにデフレにはなりません。

図表「貨幣制度とインフレ、1775〜2013年」（P32）を見ると、はっきりおわかりいただけるでしょう。アメリカで連邦準備制度が創設される以前は、全期間の約半分がデフレで半分がインフレでした。それをネットすると物価水準はほとんど変わっていなかったことになります。ところが、Ｆｅｄが確立されてから全期間の8割強がインフレになりました。デフレの期間はたった12％です。延々と物価は上がり続け、通貨価値は下落し続けたのです。その結果、現在の1ドルの価値は、連邦準備制度が創設されたころの3〜4％しかなくなってしまいました。

これでは中央銀行がなんの番人か、わかりません。「物価の番人」がいなかったときのほうがコントロールできていた。むしろ中央銀行が、一方的にインフレにしようと画策してきたようにしか見えません。

ただし、中央銀行が堂々と「インフレを目標とします」と言いはじめたのは、日銀が最初です。日銀「2％のインフレ目標」を掲げ、デフレを脱却するための政策を打ち出して以来のことなのです。それまでの中央銀行は、建前としては「物価をなるべく上げないようにする」と宣言していました。日銀があいったバカなことを言い出すまでは、「インフレ率目標」というのは、あまりにもインフレが高くなると世界中が困るから、インフレを抑制し、年間のインフレ率も何％以内にとどめるという目標でした。それがあまりにもでたらめになってしまったのは、日銀、アベノミクス及び黒田総裁の功績と言えば功績で、罪状と言えば罪状です。

Q 中央銀行が通貨を発行するときの条件は常に同じだったのでしょうか？

A

これは歴史とともに変化しました。

中央銀行が通貨を発券するときの要件は、昔は、中央銀行が金準備をきちんと持っていることでした。現在も世界中のほとんどの中央銀行が多少は金準備を持っていますが、通貨発行の根拠となる資産という意味は消えました。金準備の量に対して一定の比率で通貨を発行するというのが、金本位制の意味です。

「この銀行券の価値が信用できない人は、中央銀行に持ってきてくれれば、即座に金《きん》と換えます」という金兌換制度を使っていたころは、金準備をある程度の量持っていなければ、やたらに通貨を発行することはできませんでした。金準備によって通貨の発行量が制約されていた時代の中央銀行は、強くインフレに傾斜した政策は、やりたくてもできなかったのです。

ところが、一応金本位制とは称しながらも、実際に窓口へ持って行けば金《きん》に換えてくれないようになっていきます。同時に、どんどんインフレに傾斜するようになりました。

これは世界中の金融史を専門にしている人たちでもきちんと認識されていませんが、前述したように、金本位制の中に二つの段階があります。一つはほんとうに持っている金《きん》にしたがって、自国の通貨の発行量が決まるので、金1グラムあたり自国の通貨でいくらになるかが自動的に変動する時代、これが本物の金本位制です。

その次に1800年代末から1900年代初めころ、それぞれの国が、金1トロイオンスが、たとえばイギリスなら何ポンド、アメリカなら何ドルと決め、金固定相場制にした時代があります。これは明らかにうまくいかないシステムです。なぜなら、それぞれの国の経済の成長性が違うからです。どのくらい国民が稼げるかによって、通貨の価値は変わっていきます。イギリスは無理やり金固定相場にして、1ポンド＝4ドルでポンドの価値を維持しようと画策し続けました。実際にはアメリカとは成長性が違うので失敗し続け、何度も何度も「ポンドは下がる、ドルは上がる」という投機を仕掛けられます。その投機でぼろ負けして、イギリスはどんどん国力を疲弊させていきました。

金固定相場制の弊害と第一次大戦の戦後処理の失敗が1930年代不況を招くことになります。それが結局は、第二次大戦という悲惨な戦争の原因にもなっていきます。

Q アメリカは1930年代から1971年の「米ドル金兌換性停止宣言」まで、金本位制を律儀に守った唯一の大国だったという話を聞きましたが?

A

むしろ、正反対です。金本位制の有名無実化を先頭に立って推進したのが、アメリカでした。

「アメリカだけは当時の固定相場だった金《きん》1トロイオンス(約31グラム)=22ドルをたった一度だけ、35ドルに切り上げ(米ドルの価値は切り下げ)ただけできちんと守り、アメリカの連邦準備制度に加盟している銀行で交換に応じていた。しかも大不況の30年代を通じて愚直にやり続けていた」という伝説があります。アメリカドルであれば、いつでもどこででも、35ドルで1トロイオンスの金が買えたというわけです。

意外に知られていないことですが、これは実はウソです。1932年に当選して、翌1933年に大統領に就任したフランクリン・デラノ・ローズヴェルト(FDR)のほぼ初仕事が、アメリカ国民の金所有禁止でした。しかも、やり口が汚くて、4月6日に「今後、アメリカ国内での金の保有、取引及び輸出入は犯罪とする。アメリカ国民は保有している金をすべて、5月1日までにもよりの連邦準備銀行か金融機関に提出して、トロイオンス当たり22ドルでドル札と交換すること」という布告を出しました。

こんなでたらめな財産権の侵害におめおめ従ったアメリカ人はほとんどいなかっただろうとお考えの方も多いかもしれません。もちろん、金の所有を突然禁止されても、ふつうの国なら大勢の人が隠し持つでしょう。アメリカでも多くの人が隠したと想像したくなりますが、善良なアメリカ国民の大半はおとなしくこの布告に従ったのです。フランクリン・デラノ・ローズヴェルトはデマゴーグとして卓越した能力を持っていました。

「とにかく戦争の危機が迫っている。戦争になったら、金《きん》は政府が一括所有していたほうが有利だ。1トロイオンスあたり22ドルで買い上げるから、自発的に金を持ってきてくれ」と国民に呼びかけました。

中にはご禁制の金を所持しつづけて、おそらくは近隣の人の密告でシークレットサービスに没収されたかわいそうな人もいましたが、どうも圧倒的な少数派だったようです。枢軸国との世界大戦を目前に控えて、「お国のためになるなら」ということで、アメリカ国民の大多数がこの命令におとなしく従ったわけです。

しかも、買い上げがほぼすんだその翌年に、FDR政権は金《きん》の公定価格をトロイオンス当たり35ドルに引き上げたのです。つまり、前の年に22ドルで強制的に接収した金が、いままでは35ドルの価値を持つと宣言したわけです。

この「アメリカ国民が金を保有し、売買し、輸出入することを禁じる」という政策はとんでもないでたらめな規制です。しかしながら、この事実をどういうわけか金融史の研究家もきちんと調べていません。中にはまったく知らない人もいて、「アメリカだけはドルが金との兌換制をずっと維持していた」というウソをいまだに信じている人さえいます。ですが、アメリカ国民の金所有を禁じてしまったので、ドルと金《きん》の兌換性は、まったくの空文と化していたのです。

さて、ここから事態はいよいよ奇々怪々になっていきます。このご禁制が解けたのはいつだったとお考えでしょうか。戦争に勝つための非常時立法だったのだから、第二次大戦直後に解禁されたと思われる方が多いでしょう。ところが、現物との引き換えはできない金証書の保有・取引・輸出入が許されたのが、戦後も20年近く経っていた1964年でした。そして金地金の保有・取引・輸出入の自由が復活したのは、なんとジェラルド・フォード大統領時代の1974年だったのです。

つまり、世界最大・最強の経済圏であるアメリカでは第二次世界大戦後30年近くにわたって、金は保有することも売買することもできない幻の商品でした。そこで、128ページのグラフを、まず上からご覧ください。

アメリカという大市場で潜在需要が溜まりに溜まっていたわけですから、1961年に結

トロイオンス当たり金価格

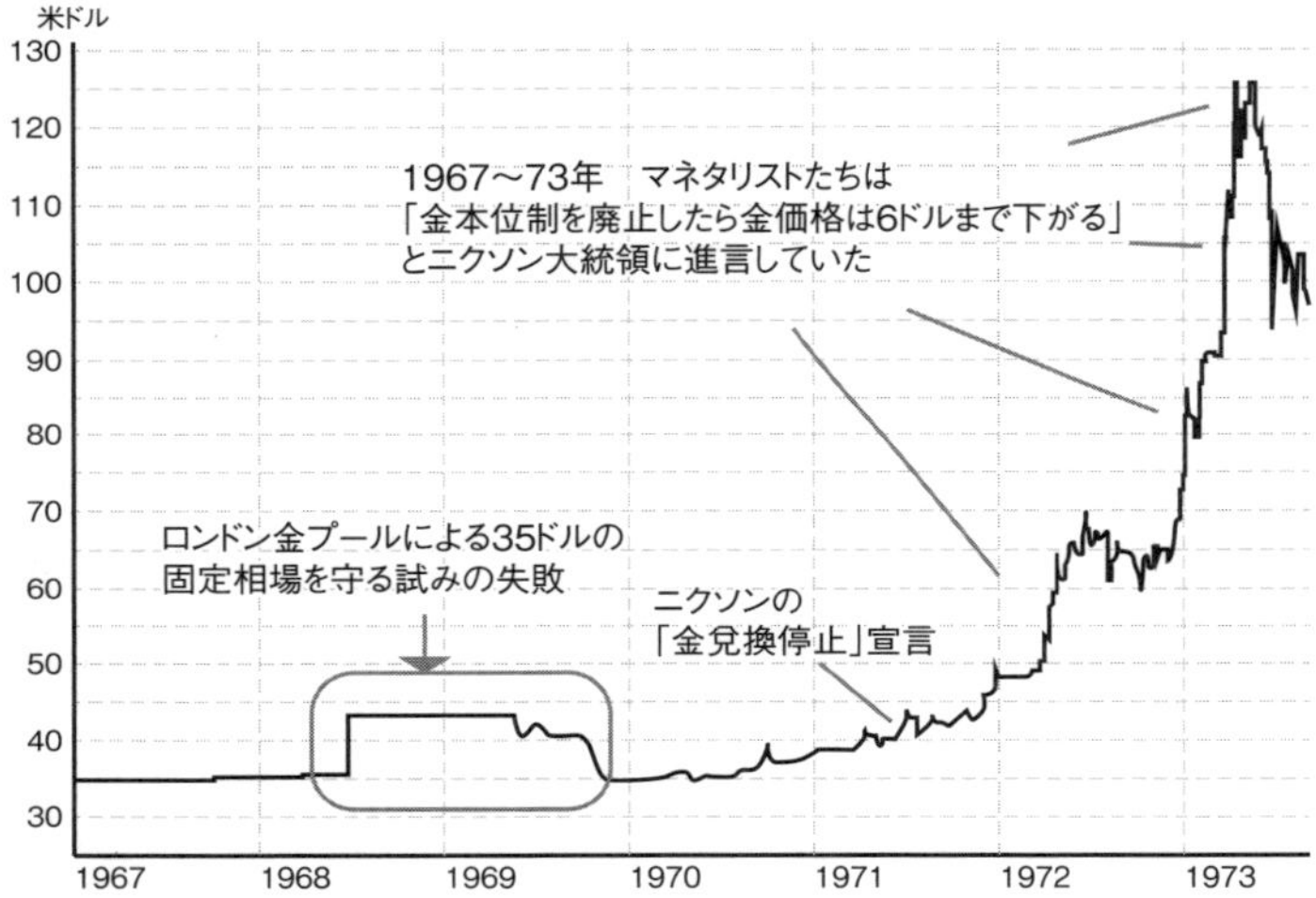

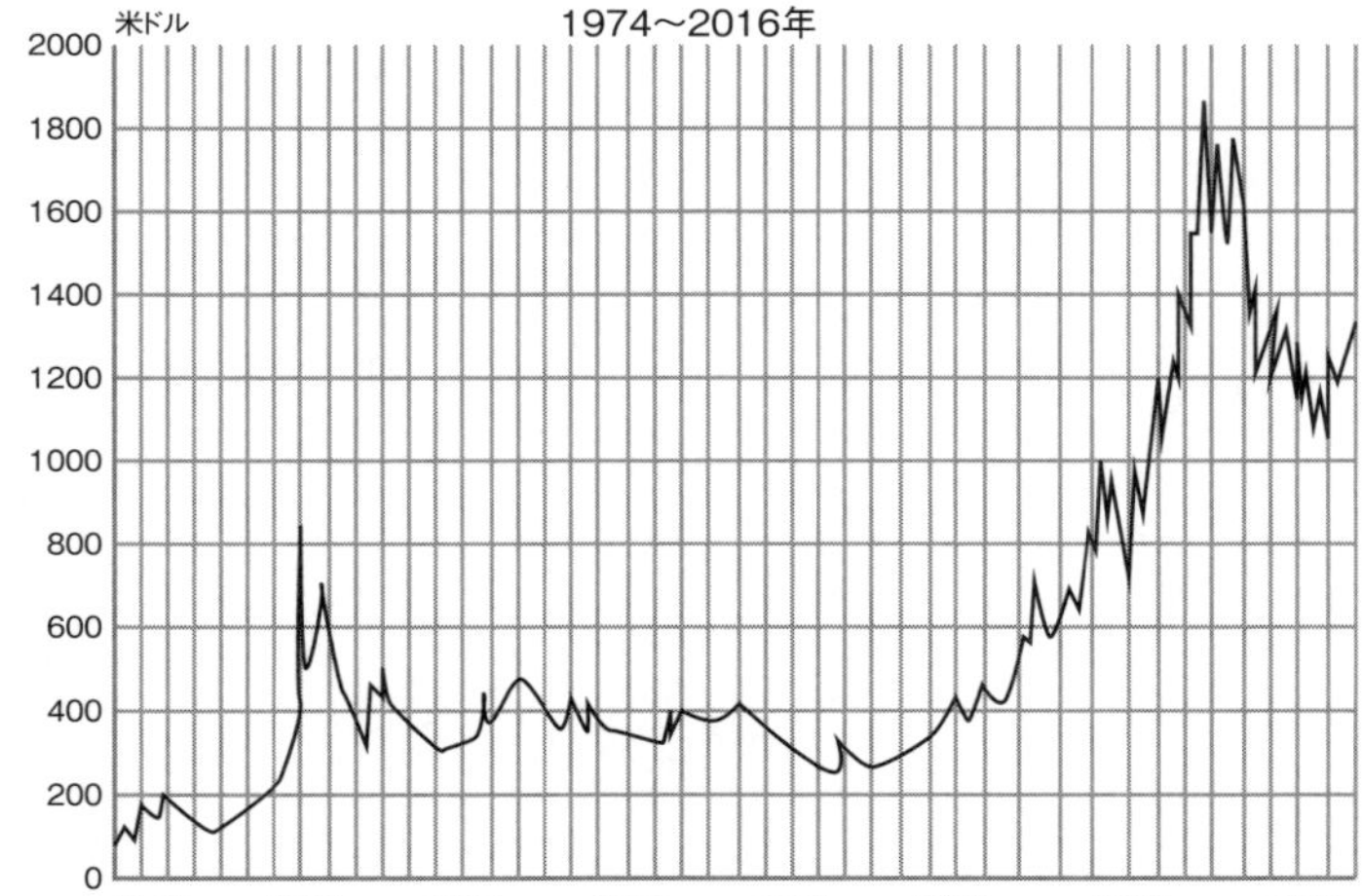

出所：（上）ウェブサイト『Acting Man』、2016年7月18日、（下）The Real Asset社『Gold Price Chart』のエントリーより

成されたアメリカとヨーロッパ7ヵ国で構成するロンドン金プールが、金地金240トンを持ち寄って、公定価格の35ドルを超えそうになるたびに売り浴びせてなんとかこの価格に押しとどめようとしても、なかなか35ドルまで下げることができず、ついに1968年にこの金プールは解散に追い込まれました。

ところが、当時から隆盛をきわめつつあったマネタリストと称する経済学派は、「金価格がこんなに高いのは、世界中の通貨が、米ドルを通じて金で支えられているという神話があるからだ。もし、金兌換制度を廃止したら、金価格はトロイオンス当たり6ドルまで下がる」とくり返し主張していました。

世の経済学者が、事実を直視せずに自分の妄想だけを頼りに寝言のような主張をするのは、いまにはじまったことではないとわかります。

というわけで、ロンドン金プールの失敗が明らかになっても35ドルから45ドル弱までしか上がらなかった金価格は、1960年代末から73年にかけて「アメリカで金保有が解禁されると」といううわさが出るたびに、80ドル台へ、100ドル台へ、そしてついには125ドルへと上昇しつづけたのです。マネタリストたちは、こうした急騰のフシ目、フシ目でなんとかの一つ覚えよろしく、「いずれ金は6ドルに暴落する」と唱えつづけていたそうです。

そして、下のグラフをご覧ください。実際にアメリカで金保有が自由化された1974年以降は、それまでの最高値だった125ドルを堅固な支持線として、1980年には800ドル強、2011年には1900ドル弱へと驀進を続けました。

「金はストックが限定されていて、毎年の増加量も微々たるものだから、世界中の通貨の根拠資産とするにはあまりにも窮屈で、金本位制を復活したら貨幣の価値が上がりすぎて万年デフレの世の中になる」という反対論にはなんの根拠もないことを証明するような動きです。世界経済の規模が拡大するにつれて、金価格が上昇すればいいというだけのことなのです。

実際に、2011年夏までは、世界中の主要な中央銀行の総資産が量的緩和によって拡大するのに連れて、金価格も上昇していたのです。このころから量的緩和による中央銀行総資産拡大のペースがいっそう加速すると、さすがに付き合いきれないという感じで金価格は低下に転じました。

これは、いくら現代の中央銀行は不換紙幣を無制限に増刷することができると言っても、こんなにむちゃくちゃな総資産の増加は危険ですよという金価格からの警告だと思います。

Q

そうすると、アメリカ国民のあいだには金は突然没収されるかもしれない危険な資産だという警戒心があるのでしょうか？

A

「もし世界規模で金本位制が復活したとしても、世界中でアメリカ国民だけは金地金を持つことによる安定した資産価値の向上に与れない可能性が高い」という慎重論にも耳を傾ける価値があると思います。

第二次大戦前から40年間以上にわたって金保有を禁ずるというような財産権の侵害を許してしまったアメリカ国民は、今度は資産格差の拡大を防ぐという名目で「金を預かり証に交換する」という連邦政府や連邦準備制度の策謀に乗ってしまうのではないかという懸念があるのです。

現在でも、アメリカでは中層の中と中層の下とのあいだの資産格差にはすさまじいものがあります。そして、アメリカで中層の下や下層の人たちは、一生働きつづけてもまとまった量の金地金を溜めこむことなどできません。しかも、彼らは世帯数でアメリカの過半数を占めていると同時に、自分たちのすぐ上に位置する中層の中の人たちの暮らしぶりについて、憎悪と言ってもいいほど強烈な羨望の念を抱いています。

そういう環境で、連邦政府や連邦準備制度が、金本位制の復活に際して「通貨発行の根拠となる大事な資産だから、国民全員が持っている金地金を預かり証と引き換えに全部接収します」と言いだしたら、中層の下や下層の人たちは喜んでこの方針を支持するのではないかということです。もしこの米国民の持つ金地金をすべて預かり証と交換に接収する制度が実施されても、すでに国際的な資産ポートフォリオを築いている、機関投資家や大金持ちにはなんの被害も出ません。アメリカで持っていた金地金をどこかほかの国に移せばいいだけのことです。

一方、乏しい資金をこつこつ貯めてまとまった量の金地金を持つにいたった中層の中の人たちには、とんでもない被害が及ぶ可能性があります。突然カネに困って、いつ金地金と交換できるかもわからない預かり証を売ったら、本来の金地金の価値の何十分の1というようなはしたガネにしかならなかったということが、十分考えられるからです。そうなったとしても、中層の下から下層の人たちは「かわいそうだ」と思うより、「いい気味だ。ざまあ見ろ」と思うのではないかという憂鬱な観測もされています。

いずれにしても、アメリカは国民が金地金を保有する権利を40年以上にわたって否定しつづけてきた国です。また同じことが起きないとも限りません。ほんとうに、近代市民社会に立脚する自由競争経済とは似ても似つかないグロテスクな統制経済の国が、世界経済覇権を握りつづけているという現状には、怖いものがあります。

ＦＤＲはとんでもない大統領だったのですが、アメリカ国民の間では、いまだにＦＤＲ神話は根強いものがあります。「あの立派な政治家がいなかったら、アメリカはいまだに大不況から抜け出せなかったかもしれない」と言う人がいるのです。ほんとうに不思議な話です。１００人、２００人を騙しただけだと詐欺師として捕まりますが、国民全体を騙すと偉大な政治家ということになってしまうという、いい例かもしれません。

とにかく、金本位制は第二次大戦前夜、１９３０年代の大不況と、その大不況に乗じてフランクリン・デラノ・ローズヴェルトという大ボラ吹きが大統領になってしまったころから、実質機能しなくなっていたのです。

その機能しなくなっていた制度の後始末として、第二次大戦が終わる直前、ブレトンウッズというところでアメリカとイギリス、ソビエトのスターリンとのあいだで「ブレトンウッズ体制」が決定されました。世界中の通貨の米ドルに対する交換率を固定し、米ドルは金《きん》１トロイオンスあたり35ドルということにしました。その時点でもまだアメリカ国民に対する金所有禁止令は有効でした。所有できないのだから、アメリカでは金《きん》とドルを交換できません。

Q

世界で唯一、自国通貨と金の交換比率を確約している国では、実は国民の金保有が禁止されていたというのは、とんでもなく欺瞞的な制度に思えますが？

A

実際に、とんでもなく欺瞞的な制度だったのです。

第二次大戦後の世界は金為替本位制だったと言われていますが、アメリカのドルだけが直接、金《きん》と結びついていて、その他のすべての通貨は米ドルとの固定相場を通じて、間接的に金とつながっている。でも、アメリカ国民は誰ひとりとして銀行に35ドル持っていけば1トロイオンスの金と交換してもらえるわけではない。この大ウソがまかり通り続けてきたことが、後々、じわじわと効いてくるのです。やはりうまくいかないことがわかってきたのが、オイルショックであり、ニクソンショックであり、プラザ合意だということです。

そう考えると、ここ100年、世界はアメリカの謀略に踊らされ続けてきたことになります。連邦準備制度が設立されたのが1913年、開業が14年ですから、それからちょうど100年経ち、もうもたなくなってきたという感じでしょうか。人類は3世代、4世代にわたって、アメリカの謀略に引きずり回され続けてきた。この手のほんとうに機能していた謀略の話は、陰謀論を唱える人たちはめったに言及しません。「誰が誰の手先で……」という話は大好きですが。

くり返しになりますが、ほんとうの意味での金本位制は19世紀前半で終わり、その後の金本位制はじつは金固定相場制でした。その固定相場制は、すでにご説明した通り、そもそも長期間もたないシステムだったので、自己崩壊します。結局は、まったくの空文となっていた金為替本位制が、ブレトンウッズ体制として世界の公認する金融システムになってしまいました。これが第二次大戦後の世界です。

Q 中央銀行に「通貨の番人」として為替相場を動かす権限や能力はあるのでしょうか?

A 固定相場制だった時代には「物価の番人」であればよかった世界各国の中央銀行は、変動相場制のもとでは「通貨の番人」という役割も果たさなくてはならなくなったと言われています。
しかし、この「物価の番人と同時に通貨の番人でもある」ということ自体、明らかに中央銀行としては越権行為です。通貨とは、自国の通貨と相手国の通貨の間の均衡を取る水準で決まるものです。一国が介入できるはずのないものであり、介入しても必ずと言っていいくらい失敗するものなのです。

では、なぜ近年、政府・日銀が「円安にする」と言い続け、実際に円安になってきたのでしょうか。実際に政府や日銀が為替相場に介入して円安にしたという実績は、実のところほとんどありません。なぜそうなったか。「円安にすれば物価は上がるし、株価も上がる」という話に欧米の機関投資家が乗ったからです。

欧米の機関投資家は、円安になって円ベースで日本の株価が上がったとしても、その円安の度合いが非常に大きかった場合、為替差損で株価の値上がり益をほとんどなくすか、あるいは持ち出しになってしまいます。それが怖い。だからなにをしたかというと、円を借りて日本株を買っていました。機関投資家が大量に円を借りて、そのカネを使って日本株を買うと、ふだん存在している日本円以上の円の供給が発生します。その結果として円安になる。実際に円安になり、株価が上がりました。

2013年中に外国人投資家が買った日本株の総額は、いくらくらいになるかご存じでしょうか。15兆円です。そのほとんどが借りた日本円で買われたものです。機関投資家が借りたときの円は、だいたい1ドル＝80～90円で、いまよりはるかに円高でした。日本株がその当時8000円台です。それが一時は2万1000円ぐらいまで上がり、いまだに1万

6000円前後です。つまり倍近い値上がり益があるけれど、外国人投資家が円を借りずに自国通貨をそのまま換算して買っていたら、円が目減りしている分で値上がり益のかなりの部分が消えてしまいます。

ところが、円を借りていた場合は、決済時には自国通貨では借りたときよりもずっと安くなっている日本円で返せばいいのです。日本円が80円だったころに借りたカネを、120円になってから返す。ということになると、実際には3分の1ぐらい為替差損が出るはずのものが、チャラになるのです。

一見、日銀あるいは政府が「円安にします」と言った通りに円安になったように思えますが、実は政府や日銀が介入して円安にしていたわけではなく、外国人機関投資家が日本株を煽って高値で売り抜けるチャンスだと判断し、高値で売り抜けるにあたって為替で損したら元も子もないので、円を借りて日本株を買った。為替をヘッジしながら日本株投資を行ったのです。それで日本円が下がり、同時に株価が上がったのです。

現在、まったく逆の事態が起きています。外国人投資家は日本株から逃げはじめ、大量に売っています。彼らが日本株を売るたびに円が上がるのはなぜか。日本株を売ったら、買ったときに借りた円を返さなくてはいけないので、円を市場から買い取ります。それで円に対する需要が増えて円が上がる。そういう仕組みで、現在、株安と円高が並行して起きています。この事態に対して、政府や日銀はなんの力も持っていません。

たとえば、マレーシア政府がリンギットの価値を維持しようとして為替を操作しましたが、大失敗して東アジア通貨危機が起きました。一時、イギリス政府がポンドの価値を維持しようとして介入して、これまた大失敗しました。1992年に起きたこのポンド危機で、ジョージ・ソロスのヘッジファンドが10億ドル以上の大儲けをしたと言われています。

韓国も為替に介入し操作をしていると言っていますが、ウォンはちゃんと韓国の経済力に応じて上がったり下がったりしています。中央銀行に為替をコントロールする力はなく、結局、中央銀行は「通貨の番人」でもありえないのです。

Q 「政府の銀行」としての中央銀行の役割とはどんなものでしょうか？

A 国、政府への資金提供をする機能を指して、中央銀行は「政府の銀行」とも呼ばれています。この資金提供は国債の売買によって行われます。日銀の具体的、事務的な話から説明しましょう。
この資金提供は、日銀が直接、財務省から国債を買い、財務省の口座に現金を入れるというかたちではありません。それは、やってはいけないことになっています。それではあまりにも容易にいわゆる財政ファイナンスができてしまい、危険なので禁止されています。

では具体的にどう行うか説明しましょう。プライマリーディーラーという財務省の国債を直接買う権利を持っている銀行が二十何行かあります。その銀行の中から、特定の銀行が国債を財務省から買い、その銀行が買った日本国債に対して日銀が支払いをすることになります。

これはまったくの形式です。プライマリーディーラーである銀行は、財務省から買った日本国債を日銀に納入し、日銀が買い取った金額から手数料を引き、残った金額を財務省に渡しているだけです。中身としては日銀が直接財務省に金を渡すのも同じですが、一応はプライマリーディーラーを通すことになっています。

ワンクッションを置くことにより、「財務省がどんどん刷った国債を、刷っただけ野放図に日銀が買い取る。財務省は自動的に財源を得て、日銀はいつ紙切れになるかわからない日本国債を溜め込む」という危険を避けるという体裁にはなっています。

ところが最近、おもしろい事件が起きました。イギリスがＥＵからの離脱を選択したブレグジット・ショック以前から、日経平均はかなり下がりはじめていました。その直接のきっかけが、日本最大の都市銀行である三菱東京ＵＦＪ銀行が、国債のプライマリーディーラー資格を返上するというニュースでした。

●国内勢からも離脱、三菱東京UFJ銀がPD資格返上を検討

三菱UFJフィナンシャル・グループ傘下の三菱東京UFJ銀行は、国債市場特別参加者（プライマリーディーラー、PD）の資格返上を検討している。国債の安定消化を進める上で、重要な役割を果たしてきたPD制度からの離脱の動きは、国内金融機関では初めて。

三菱東京UFJ銀広報の高原一暢氏は、同資格返上について「検討はしているが、決定した事実はない」と述べた。一方、グループの三菱UFJモルガン・スタンレー証券とモルガン・スタンレーMUFG証券はPD資格を維持する見通しだ。

現在PD資格を有する金融機関の数は22社。各社は国債入札の際に発行予定額の4%以上の応札が義務付けられているため、これまでは9割近くの国債消化がPD制度によって担保されていた。財務省によると、PD資格は申請制のため引き留める仕組みはなく、取り下げはいつでも可能だ。

（ブルームバーグ　2016年6月8日）

この観測記事では三菱東京UFJ銀の広報担当者は、「検討しているが決定したわけではない」と言っていました。ですが、それから約1週間後の新聞各紙には「三菱UFJ銀『国債離れ』――入札の特別資格返上へ」という見出しがトップ記事として出ています。

プライマリーディーラーは、国債の入札で財務省と意見交換ができますが、一定割合の応札が義務付けられています。日本銀行のマイナス金利政策の導入で、長期国債の利回りはマイナスになっており、国債を買い続けると金融機関に損失が出る恐れがあるからです。

以来、外国人機関投資家のあいだで「日本の金融業界でさえも日銀に楯突く、財務省に楯突くこともあるのか。日本の金融情勢はそれほど深刻な話なのか」と受け止められ、ますます日本株が売られるようになりました。当然、売りの中心は外資です。「いままで日銀や財務省のおっしゃることを、ヘイコラ聞いていた大手銀行が、やっとここにきて意地を見せたのか。とにかく日銀や財務省に反発しはじめた。これは株価が順調に上がるわけはない」と判断されたのです。

事実、三菱東京UFJ銀行は、財務省へプライマリーディーラーの返上を届け出、2016年7月15日付で指定が取り消されました。

三菱東京UFJがプライマリーディーラー資格返上という、かなり思い切った手に出たことにはもう一つ伏線があります。日銀がマイナス金利を導入したのが今年2016年1月29日でした。その約3ヵ月後、日銀が大手銀行を集めて意見聴取をしました。

そのとき、三菱東京ＵＦＪの平野信行会長が、「日銀としては、マイナス金利が成功し、日本経済が回復しているというようなことをおっしゃっているけれど、金融機関にとっては、日銀の口座に預けておけば自動的についていた金利が、わずかな金利であれプラスだったものがマイナスになってしまう。これは銀行の収益を圧迫する。この異常事態については、なんとか早く解消するように考えて欲しい」と珍しく本音を言ったそうです。

三菱東京ＵＦＪは、あまり危ないディーリングなどはせず、ブタ積みと呼ばれている融資ができない預金をそのままそっくり日銀の口座に預金しています。その預金に、いままではたった０・１％でも金利収入が入っていた。これから先は０・１％ずつ出ていくことになるのです。

それに対する日銀黒田総裁の答えが、実に振るっています。「そんなに困っているのか。では、もっとマイナスの幅を大きくしてやろうか」と恫喝したのです。本人の言葉を忠実に再現すると、まず、「金融政策は金融機関のためにやるものではない（日本経済新聞、２０１６年4月29日付朝刊）」と大見得を切った上で、「マイナス金利はもう限界だという説もあるが、私はその説には違和感がある。必要ならばまだまだマイナス金利を深掘りできる」と断言しました。要するに、そんなに困っているなら、もっと困らせてやろうと居直ったのです。

そのときに、三菱東京ＵＦＪは「これはもう付き合いきれない、プライマリーディーラーという資格を返上する」と決断したのだと思います。それから約1ヵ月後に発表し、それがきっかけで若干回復基調にあった日経平均がまたぞろ下がりはじめたわけです。

いままで私は、日銀黒田総裁に対する外国メディアの批判は、やはり日本人一般に対する偏見も感じられ、不愉快だと思うところもありました。黒田総裁は一貫して、「インフレというのは期待や予測といった心理に影響されるものだ」と言っており、その例として、ピーターパンの物語に出てくる「飛べるかどうかを疑った瞬間に永遠に飛べなくなってしまう」という言葉を何回かコメントで使っています。

それについて欧米のメディアが、「ピーターパニック」とか「ピーターパンデモニアム」と嘲り笑っていました。ピーターパニックとは、もちろんピーターパンの起こしたパニックという意味です。ピーターパンみたいなことを言うヤツが日銀総裁という要職にあれば、パニックが起きるのは当然だということです。パンデモニアムとは、地獄の扉が開き、地獄に閉じ込められていた悪魔や悪鬼が世の中に躍り出て大騒ぎになるという話です。

どちらにしても、「本来、もう少しまっとうな大人が読むような高尚な文章を引用して飾るべきところを、クロダは無教養だから、子どものおとぎ話程度しか、たとえに使えない」という揶揄《やゆ》です。

合理的期待形成派という異常な経済学派があります。なぜインフレが起きるかという理由として、「人々がインフレを期待するから起きる」という実も蓋もない同義反復を学説と称して主張しています。合理的期待形成派の言うことは、そもそもピーターパンの話と同じようなものです。飛べると思えば人間だって飛べる。飛べると思わないから、飛べないだけだというお話となんら変わりがありません。

海外メディアの論調は、「日本は子ども向けのおとぎ話しかたとえに使えないような無教養な男が、日銀総裁という要職に就いているお粗末な国だ」というニュアンスでした。私はそれについては、黒田総裁は少々かわいそうだと思っていました。欧米の合理的期待形成派もまったく同じことを言っていますが、もう少し高尚な大人の文学を引用したり、難解な数式でくみ上げた理論的基礎があるようなフリをしているので、いかにももっともらしく聞こえるだけだと考えているからです。

しかし、「マイナス金利で金融業界は困っている」と言われたときに、だったらもっと困らせてやろうと居直ったわけです。まるで、堅気の人間からのカツアゲを常習しているやくざが、「おう、そんなに困っているのか。それならみかじめ料をもっと上げてやろうか」とすごむようなものです。これは「ピーターパニック」や「ピーターパンデモニアム」と嘲り笑われるのは当然だ。ご本人の人格が粗暴なのだろうと、私は考えを変えました。

話を戻します。プライマリーディーラーの資格がないと、国債の最初の入札には参加できません。その入札資格は、それだけ重要なものです。そして、その資格を持っていると財務省の役人と意見交換ができます。意見交換ができるということは、いつどのぐらいの量の国債が発行されるか、前もって察知できます。ニュアンスでわかる。プライマリーディーラー資格を持っていない金融業者に比べて有利です。だからこそ、国内銀行でプライマリーディーラー資格を返上した業者は、いままでありませんでした。それを、日本の国策に忠実な大手都銀の中でも、一番と言ってもいいほど保守的な体質を持っている三菱東京UFJがやったのですから、これは衝撃的な出来事なのです。

ほとんどの大手都銀は、プライマリーディーラー資格を持っています。日銀が、日本国債を買うときのシェアをほんの少しずつ調整し、お気に入りの銀行と、そうでない銀行との間に差をつける。なにしろ相当な金額を買っていますから、日銀が買う総額のうちのシェアを4%から5%にしてもらうだけでも、手数料収入自体が大きく変わります。そういう操作を日銀はいままではしてきた。

日銀というのは、そうやって各銀行に力を及ぼしてきたのです。「それはもうごめんだ」という銀行が1行出ました。しかも、その1行が国内預金総額は最高で、いままでは一番保守的、忠実に国策に沿って仕事をしてきた銀行だったということです。

国債を銀行経由で中央銀行が買い上げる仕組みは、Ｆｅｄであろうと、欧州中銀であろうと、世界中基本的にほぼ同じです。直接、国債を買える仕組みになっている国はほとんどないと思います。中国の中央銀行である中国人民銀行も、建前としては大手５大銀行から買うことにしているでしょう。直接、中国政府財務部から中国債を買っているわけではないと思います。

Q 日本国債の発行額に対し、日銀は権限を持っているのでしょうか？

A 建前論ではなんの権限も持っていないということになっていますが、日銀の国債発行額に対する権限は相当大きいと言わざるを得ません。

現在、借り換え債も含めて、毎月財務省が発行している総額と同じぐらいか、それよりも多い額を毎月、日銀が買っています。日銀が、「年間これだけの金額を買います。月割りでこのくらいは少なくとも買うことになっています」と発表すれば、財務省は「ああ、その分は引き受けてくれるんだ」となります。国債を発行して売れ残ることはない。安心して国債を発行できる。その影響力は相当大きいでしょう。

以心伝心と言いましょうか、財務省と中央銀行の関係は世界各国どこでも同じようなものです。さすがに「毎月の発行分を上回るか、同じぐらいの金額を買います」と公約している中央銀行は、世界中で日銀だけでした。諸外国の中央銀行はそこまでバカなことは、さすがにやっていませんでした。

ところが、ＥＣＢのドラギ総裁がつい最近、今年２０１６年の春にヨーロッパで日銀と同じようなことをはじめました。ヨーロッパはそもそも国債の発行高そのものがそれほど多くないので、各国の国債に加えて「有力企業の社債を毎月いくらくらい買う」と公言しました。ドラギも日銀と同じようなことをやりはじめたということです。

これは、アメリカでＦｅｄがやっている公開市場操作に比べると、明らかに拙劣な政策です。連邦準備制度のやり方を説明します。Ｆｅｄは米国債をオープンマーケットでどのぐらい買うか直前まで秘密にしておき、突然買うのです。その量が市場で想定された額より大きかったか、小さかったかで、景気操作をしようとします。前もって「これだけの量を毎月買います」と自分の手を縛るようなことは絶対しません。公開市場での買い付けの量を調整することによる、市場に対するインパクトがほとんどなくなってしまうからです。

そういう意味で、異次元緩和と称し、毎月大量の国債を買うことを日銀が発表し、しかも発表通りに買い続けているのは、言ってみれば自分で自分の手を縛り、金融業界に対する影響力を自分で損なっているのです。そんな自覚はないでしょうけれど。

「ああいうバカに中央銀行を任せておいても大丈夫だ」という、これは日本の一般大衆の英知の現れなのかもしれません。裁量権があればあるほど、中央銀行は悪いことをやるわけですから、自分で自分の手を縛るようなバカにやらせておけば安全だということです。

Q 中央銀行の「政府の銀行」としての役目は、国債の引き受け以外にありますか?

A 意外に大きな金額で財政赤字の縮小に貢献しているものがあります。それは日銀が大量に買っている国債についている金利です。その金利のほとんど全部が、国家に上納金として流し込まれています。

日銀はそもそも営利企業ではないので、儲かってしまうと困るのです。儲けた部分は国の財政を支援するために納めます。日本銀行法第53条で、日本銀行が得た最終的な利益、すなわち、所要の経費や税金を支払った後の当期剰余金は、準備金や出資者への配当に充当されるものを除き、国民の財産として、国庫に納付されることになっています。これを国庫納付金といいます。

この上納金はけっこうな額に上り、バカになりません。今年2016年に納入する分については、日本国債の価格が下がることを見込んで引当金を4500億円ほど積んだので、いままでに比べて激減するというニュースが、今年の5月ごろに出ました。マイナス金利の影響も当然のことながら出てくるでしょう。

●日銀、緩和「出口」に備え 15年度決算で4500億円引き当て

日銀は5月27日、2015年度の決算で国債の利息収入のうち4501億円を将来の損失に備えて引き当てたと発表した。金融緩和を縮小する「出口」の際には収益が大きく悪化する恐れがある。引当金を積むことで「収益や国庫納付の振れを小さくする」（幹部）ねらいだ。

金融緩和の出口では金融機関が日銀に預ける当座預金への利払い負担が膨らむことが見込まれている。また日銀は国債を額面を上回る価格で買っており、償還までに損失が出るおそれもある。こうした事態に備え、15年度に1兆2875億円あった利息収入の一部を引き当てた。今後も収益が多いときに引き当て、損が出るときに取り崩す。

日銀の黒田東彦総裁は「具体的な出口の議論は時期尚早」とくり返しているが、財務面の手当てを始めたことになる。今回の引当金などで3月末の自己資本は7兆4346億円となり、1年前より4％増えた。

引当金や円高による外貨建て資産の為替差損の影響で、企業の最終利益にあたる剰余金は4110億円と14年度より6割ほど減った。国庫納付金は3905億円と半減した。引当金は将来の収益の減少を抑える役割を果たすため、日銀は「長い目で見た国庫納付の総額は変わらない」と説明している。

（日本経済新聞　2016年5月28日）

ちなみに前年度、2014年度の国庫交付金は7567億円です。日銀が持っている国債の総額はすでに100兆円を超えています。1％の金利だとしても1兆円にはなってしまうので、そのくらいの金額になると推察されます。現在、国債の金利が一斉にマイナスになっていますが、昔から持っていた分については、買った当時の金利がつくので、1兆は軽く越えているこｔとでしょう。ところが、今年度は引当金を大量に積んでおかなくてはならないので、上納金が激減したのです。

海外の主な中央銀行でもほぼ同様の制度が設けられていますが、スイスの中央銀行であるスイス国立銀行は世界中の中央銀行の中でも少々スタンスが違います。スイス銀行は国債保有から出てくる安定した金利だけでなく、積極的にディーリングを行い、荒稼ぎをしてきた中央銀行です。

スイスは、州が独立した主権をもっており、独立した主権を持った州による連邦制の国なので、連邦政府ではなく州政府にディーリングで儲けた金を、分配金として払っています。一種の配当です。その配当が、2014年に金《きん》の先物を売って大儲けしたときなどは、そうとうな高額になったといいます。スイスという国は金融と政治が直結している国なので、中央銀行もその分配金を使い、政治的に立ち回っているのです。

Q 税金は中央銀行(日銀)の口座に集まるのでしょうか？

A

これは違います。財務省が集めた税金の大部分は、国庫（つまり同じ財務省の貯金箱）に置いてあります。

必要に応じて各種の予算に配分したり、地方交付税、地方への補助金、地方消費税はそれぞれ当該の地方自治体に配分したりします。

Q 政策金利の上げ、下げは、どのような影響を経済に与えるのでしょうか？

A 政策金利とは、中央銀行が、一般の銀行（市中銀行）に融資する際の金利のことです。日本では中央銀行である日銀が決定します。一般に景気がよい場合には高く設定され、景気が悪い場合には低く設定されます。10年ほど前までは「公定歩合」と呼ばれていたものです。

その昔は上がった、下がったといって大騒ぎになりましたが、現在、政策金利自体にほとんど意味がなくなってしまいました。このところ延々と0・01％といった限りなくゼロに近い金利なので、まったく意味のない概念になりつつあります。

金利を下げても景気がよくならないにもかかわらず、いつかはよくなるのではないかと、延々と下げ続けてきました。失敗を続けたにもかかわらず、まったく反省もなく、論理的な点検もなしにやり続けている、いい例です。

建前としては、借金をしたときの金利が低くなれば、多くの企業がよろこんで設備投資を増やし、個人家計でものをたくさん買うようになって景気がよくなるという話ですが、その前提そのものが幻想にすぎなくなってしまったのです。「金利を下げれば、景気がよくなる」

という思い込みは、どう考えても製造業全盛期の時代の発想です。金利が下がって、借金をたくさんして設備を拡大すれば大儲けができるというのは、大量生産をすればほぼ確実に有利になる製造業には通用しますが、サービス業にはあまり通用しない話です。

つくれば、つくっただけモノが売れるという時代ではありません。大量につくればコストが激減するということも、サービス業の大部分で起こりません。だから、金利を低くして、設備投資を側面支援してやれば景気がよくなるはずだという前提そのものが日に日に失われているのに、この失われゆく前提にしがみつきっぱなしなのが最大の問題なわけです。

Q 日銀が融資していた銀行が破産したら、日銀は損失を抱えるのでしょうか?

A

中央銀行である日銀は、「銀行の銀行」とも呼ばれますが、日銀が銀行に直接金を貸すことはありません。むしろ逆で、各銀行が日銀に自分の口座を持ち、そこに預金を積んでいます。

銀行が破綻した場合、当該の銀行が日銀に積んでいた資金はその銀行に戻り、債権者たちが分けあうということになるでしょう。だから、銀行が破綻しても日銀が困るなどということは直接的にはありません。

もちろん、世の中の経済を回しているのは銀行を通じた信用創造システムです。1行でも銀行が破綻すれば、信用創造システム全体に影響が出るという意味では、銀行の総元締めをしている中央銀行にも間接的な被害はあります。

ですが、この銀行間の融資・預金のくり返しで1単位のマネタリベースが、2単位、3単位に増えていくという常識が、だんだん失われつつあります。簡単に言ってしまえば、銀行を通じた信用創造とは、銀行同士で元々は1しかない資金を、又貸しの又貸しの又貸しをして、2倍、3倍に拡大するという話です。銀行同士が貸し借りをし、他行に預金としてカネを積めばそれなりに融資が拡大するというメカニズムが、実際に経済に影響を与えることができていた時代の話です。

現在、日銀も必死になってマネタリーベースを急拡大していますが、拡大すればするほど銀行の預貸率が下がり、結局、銀行は他に使い道がないので、あり余る預金を日銀口座に積んでいます。いままでもたった0・1%しかつかなかった金利が、これからはマイナス0・1%になり、逆に保管料を払わなくてはいけなくなります。カネが流通しないから、日銀がどんなにマネタリーベースを増やしても意味がない時代になってきたのです。

そういう意味でも銀行の何行か、大手も含めてバタバタ倒産したとしても、実体経済にはあまり影響がないでしょう。たまたま特定の破綻した銀行にしか預金口座も持っておらず、借金もそこからしていたので、その銀行が破綻したとたん、うまく資金が回らなくなって困るというような企業がもしあったとすれば、ほんとうにかわいそうなことになります。

しかしながら、いまどき中小企業でも、かなり不用心な企業でなければたった1行の銀行だけに頼るということはないでしょう。それほど大きな被害は出ないと思います。また、大企業の大部分は現預金よりも借金のほうが大きいので、銀行が潰れて借金取りがこなくなってくれたらありがたいくらいのものでしょう。日本国中でバタバタと連鎖倒産が出るというような話にはなりません。マスコミや、現体制を維持しようとしたがっている人たちは、ものすごく悲惨なことになるという絵を描きたがりますが。

そもそも、銀行を通じた信用創造システムが、いまほとんど機能していません。M1(現金通貨+預金通貨)をどんなに増やしても、M2(現金通貨+国内銀行等に預けられた預金)はほとんど増えない。横ばいという状態です。

Q 量的緩和とはなんでしょう？　これまでに成功した事例はありますか？

A

量的緩和が成功した例はなかったことは、すでに確定した事実だと言えるでしょう。世界中どこでも、中央銀行の資産を増やして、資産が増えた分だけ資金を供給してやって、誰が潤ったかというと、金融業者と不動産業者ぐらいで、それ以外はほとんどなんのプラスもなかったというのは、歴然としています。

もう一つ、世界中の金属鉱山の業者なども、やはり量的緩和でかなり設備は拡大しました。ですが、これはうまく儲けたというよりは、「行きはよい、よい。帰りは怖い」という感じです。これから先、ほんとうに悲惨なことになるから、むしろ無駄な借金を背負いこんで、返しようがなくなって、続々破綻する会社が出てくるでしょう。

Q 「金利」と「量的緩和」の関係を教えてください。

A 先ほどからくり返しているように、金利をどれだけ下げても、まったく景気がよくなりません。では、直接、金融市場から債券や株のETF（上場投資信託）や上場不動産投信（REIT）を買い、その代金を金融市場にばらまけば景気よくなるだろうというのが量的緩和です。

量的緩和を行って、どうなったか。金融市場はたしかに潤い、株価が上がって儲けた人もいます。不動産価格が上がって儲けた人もいます。しかし、設備投資はほとんど動いていません。そういうことです。

Q 「マネタリーベース」とはなんでしょうか？

A 簡単に言えば、中央銀行が直接供給する通貨がマネタリーベースです。それを銀行同士が又貸しの又貸しをやってふくらませるのが、先ほど出てきたM2やM3、

M2+なんとかなどと呼ばれるものです。世間で一番よく使われている通貨ストックの定義がM2であり、もうちょっと複雑な定義として、M3（M1+準通貨+CD（譲渡性預金）＝現金通貨+全預金取扱機関に預けられた預金準通貨：定期預金+据置貯金+定期積金+外貨預金）もときどき使われます。

その日本銀行が供給する通貨（マネタリーベース）さえ増やせば、自動的に実際の世の中に出回っているお金の総額（マネーサプライ）が増えると思い込んでいた人たちがいます。ところが、どう考えてもそのようにうまくいかないことが、彼らにもやっとわかりはじめてきたようです。

個人世帯や民間企業は、銀行から金を借りられるようになったという理由だけで投資をしたり、消費をしたりは絶対にしません。景気が悪く、これからどこに資金を入れればそれなりの見返りがあるのかわからない時代に、金利が下がっただけで投資が増えるわけがありません。

話はそれますが、いま、思い切った投資は怖い時代です。ただし近年、不動産投資だけは激増しました。今年の2月、2015年度の不動産新規融資額が26年ぶりにバブル期の1989年を抜いて史上最高になったと日銀が発表しています。実際、どこにそんな金が回っているのかと思いますが、15年度の銀行による不動産業向けの新規貸し出しは10・6兆円でした。

総務省統計局の「住宅・土地統計調査」によると2013年の全国の空き家数は819・6万戸で、住宅総数（6062・9万戸）に占める比率（空き家率）は13・5%です。現在も新しいマンションはつくりすぎですし、新しいオフィスビルには一応それなりにテナントは入りますが、その反面、昔からの貸しビルがどんどん空き家状態になっています。

●アパート空室率が急上昇　首都圏、相続税対策で建設増え

首都圏のアパートの空室率が悪化している。不動産調査会社のタス（東京・中央）が6月31日発表した統計によると、3月の神奈川県の空室率は35・54%と2004年に調査を始めて以来、初めて35%台に上昇した。東京23区や千葉県でも空室率の適正水準とされる30%を3～4ポイントほど上回っている。相続税対策でアパートの建設が急増したものの、入居者の確保が追いついていない。

（日本経済新聞　2016年6月1日）

オフィスの空室率も、小型・中型で築20年以上だとかなりの数字になるでしょう。大手の場合、資金力がありいくらでも融資を受けられるので建て替えるチャンスです。ですが、資金力、信用力の低い中小業者はほんとうに困っているでしょう。

Q 政策金利の決定など中央銀行の政策内容は、機密保持がされているのですか？

A　以前、第14代連邦準備制度理事会のベン・バーナンキ議長（在任2006〜2014年）が、「市場との対話」云々と言いました。これは簡単に言ってしまえば、「我々がFedウォッチャーという特権階級をつくってやるから、特権階級はFed語をちゃんと覚えて、Fedの発言の意味をきちんと解釈するようにしなさい。そうしている限りは、特権階級としての高い給料をもらえますよ」という話なわけです。

日本も昔、大蔵省全盛期にはMOF担と呼ばれる人たちがいました。大蔵省に頻繁に出入りし、官僚から情報を取る大手金融機関の人間たちです。大蔵官僚を何度も何度も饗応して、ほんのチラッとほのめかしをもらう。それで儲かりました。

いまでも都市銀行各行には、一応MOF担みたいな人はいるでしょうし、日銀ウォッチャーもいるでしょう。しかしながら、財務省や日銀のほのめかし方があまりにも拙劣なので、彼らの行内での地位も高くないようです。アメリカでFedウォッチャーというと、ほんとうに高給取りで、権威のある立場ですが、日本で日銀の公式発表をきちんと解釈できたからといって、それで給料が上がるかというと、そうでもなさそうな気がします。

各国中央銀行は機密保持はたしかだと言いながら、特権的身分の連中にはわかりやすく、そうでない人間にはわからないようにメッセージを発するということは明らかに心がけているようです。けれど、いまのところそれがうまくできているのはＦｅｄだけです。それ以外の中央銀行は、どうにもやり方が下手で、自分たちのまわりに自分の言葉をうまく解釈できる特権階級を育てられていません。

Q 国家が破産すると中央銀行はどうなるのでしょうか？

A

これについては、アダム・スミスがたいへんおもしろいことを言っています。もう晩年に近いころ、アダム・スミスがエジンバラ大学の教授という職を得て、金持ちのお坊っちゃまを欧州旅行に連れていって家庭教師代をいただくような生活から抜け出せた時期のことです。

あるとき、エジンバラ大学の、恐らく自然科学系の若い教授が血相を変えて飛び込んできました。「たいへんだ、たいへんだ、どこだかの国が破綻するそうですよ。イギリスは大丈夫ですか？」とアダム・スミスに質問をした。これは典型的な落語のご隠居さんと熊さん八つぁんの会話という感じですが、アダム・スミスはその若手の自然科学の教授に「落ち着きなさい。国家というのは、何度破綻しても平然として生き返ってくるやつらですから、なんの影響もないですよ」と教え諭したそうです。

基本的に国家破綻と中央銀行の関係も似たようなものです。似たようなものですが、少々違いがあるとすれば、昔は国家が借りた金を踏み倒すことによって高利貸や金融財閥をつぶしていましたが、現在は金融資本のほうがずる賢くなり、なるべく自分たちはリスクを取らず手数料商売をし、債務負担を国に押しつけようという傾向が露骨に出てきています。

これが２００８年から09年の世界金融危機以前と、それ以後で一番大きく変わったところだと思います。それまでは、債務の伸び方が非常に大きかったのが、まず金融機関であり、次に金融機関を除く民間企業であり、その次に政府でした。２００８年から09年にかけてベア・スターンズやリーマン・ブラザーズが破綻し、それ以後どういうことになったか。各国の大手金融機関が、自分の債務は減らし、手数料商売を中心にして自分は損を背負い込まずに、国に損を背負い込ませるようにシフトしました。以降、国家債務が激増していきます。これが世界金融危機以後の世界です。

だから、熊さん八つぁんに対してご隠居としては、「全然大丈夫ですよ。国が滅びようと、金融機関は絶対生き延びますから。世の中そんなに変わりません」と答えることになるのでしょうか。そうはなりません。

金融機関が怖くて手放したような債権・債務を吸収した国家は、たしかに財政破綻の危険が高まっています。でも、国民がいて、その国民が地道に自分たちの生活を支える稼ぎを得ているかぎり、国家はしぶとく生き返ります。つまり、昔は殺しても、殺しても生き返ってくる不気味な妖怪は、国家という一種類しかいなかったのに、いまは国家と巨大金融機関という二種類に増殖したという表現をするのが適切でしょう。

Q 国家破綻の危機の際、よくIMFや世銀が救済に乗り出したというニュースを耳にしますが、いったいどういう機関なのでしょうか？

A 国家のデフォルトが問題になると、IMF（国際通貨基金）が登場します。第一次大戦のできるはずのない戦後処理のためにつくられたのが、BIS（国際決済銀行）で、第二次大戦後の、やはりできるはずのない戦後処理のためにつくられたのがIMFと世界銀行です。ただ、BISの場合は、戦勝国がドイツに課したまともに支払えるはずのない過酷な賠償金を、どういうスキームをつくれば払えるように見せかけられるかという、具体性のある話でした。まあ、ごまかしも小手先の技術論ですんでいたと言えます。

第一次世界大戦後に敗戦国に過酷な賠償を課したことが第二次大戦を招いたという反省から、第二次世界大戦では敗戦国に対する賠償金の賦課はありませんでした。その代り、IMFと世界銀行は、もっと崇高と言えば崇高な目標を掲げて出発しました。大風呂敷を広げすぎたと言ってもいいでしょう。

IMFの設立趣意書を読むと、「IMFの第1の目的は国際通貨システムの安定を維持することです。……危機の予防のために各国、地域および世界全体の経済金融情勢をモニターしています」と出ています。この趣意書の最大の問題は、おそらく第二次世界大戦直後で、金融経済学界の常識が「世界中の通貨間、あるいは少なくとも先進諸国の通貨間の為替レート（交換比率）は、固定したままでやっていける」ということだったころの文章をそのまま引きずっているのです。

世の中には経済成長率の高い国もあれば、低い国、停滞している国、縮小している国もあります。そうした国々の通貨間の交換比率が一定のまま維持できるというのは完全な幻想にすぎません。もともと斜陽化していたイギリス経済が1960～70年代にさらに衰退を加速させてしまったのは、1イギリスポンドが4ドルに当たるというイギリス経済の実力をはるかに超えた固定レートにしがみつき、イギリスの金融当局が延々とポンド買い・ドル売りの市場介入をつづけたからです。そもそも国際通貨システムは、安定を目指すべきものではありません。通貨システムが変動するからこそ、各国間の貿易も資本移動も経済合理性の高いものになるのです。

たとえて言えば、昔の超高層ビルは耐震、つまりどんな衝撃にも耐えることを目指してどっしりとして剛性が高く、大きな地震にもびくともしない建て方を目指していました。最近では、こうした建て方はあまりにもエネルギー効率が悪いし、耐えきれなくなって倒壊したときの被害も大きいので、免震とか制震と言って大きな地震には建物も柔軟に揺らぐことですさまじいエネルギーを受け流す方向に変わっています。自然科学系の分野では、どんどん大胆な発想の転換があり、実証研究の結果としてそちらがいいということになれば、古いドグマは捨て去られます。

ところが、ＩＭＦのような「国際協調金融機関」は、国際的であることの無責任さと、官僚組織であることの硬直性の相乗効果で、「為替相場は一定水準に固定することができる」というような完全に現実によって否定された「理想」を、いまだに設立趣旨として後生大事に抱えていたりするのです。

世銀の設立趣旨のほうはいくらか抽象性が低く、「一世代のあいだに極度の貧困を撲滅すること」となっています。大ざっぱに言えば、先進諸国間の金融問題を処理するのが、IMF、低開発国、後進国、最貧国の開発支援をするのが世界銀行という分担と言っていいでしょう。

もう少し実態に即した言い方をすると、同じ第二次世界大戦の戦勝国のあいだで、国際金融に関して縄張り争いがあった結果、似たような機能を果たすはずの二つの機関ができたという見方もできます。もう一段突っこんでぶっちゃけた話をすれば、IMFの親分はヨーロッパの大物がやり、世銀の親分はアメリカがやる。その役割分担をしているのですが、それぞれの役割が具体的にどういうものなのかというと、実はよくわかりません。

Q 実際に救済に乗り出すときのIMFや世銀には、どのくらいの権限があるのですか?

A とくに世界銀行という存在は、金融機関なのか、金融政策機関なのかよくわかりません。直接債券を発行して資金調達をすることもありますが、後進国・最貧国が独力で国債を発行するより、世銀の保証を取り付けたほうが有利な条件で調達できるという、保証機関としての役割が最大となっています。

また、ＩＭＦはインターナショナル・マネタリー・ファンド（International Monetary Fund）の頭文字なのですが、ファンドと名乗っているからと言って、相場で儲けたとか損したとかいうような資金運用はしていません。このファンドは、国際金融危機に際して、一時的な資金繰りさえつけば潰れなくてもすむ金融機関の破綻を避けるために使うという建前になっています。

最近、莫大な資金を持っているＩＭＦの運営があまりにもずさんで、高級官僚の出身国に都合のいいようにお手盛りで配分されているという話が続出しています。その結果、ＩＭＦではトップのことを専務理事と言いますが、現在のクリスティーヌ・ラガルド専務理事の頭越しに、直接ふつうの会社で言えば役員会に責任を負って、内情を調査する独立評価局なるものが設立され、資金運用の実態がわかりはじめました。

その結果はすさまじいもので、新興国などの要請には非常にきびしい査定をするＩＭＦの理事たちが、出身国であるヨーロッパ諸国の要請には実におおらかに応えていたというのです。たとえば、ユーロ圏ソブリン（国債）危機の際、ギリシャ、ポルトガル、アイルランドの3ヵ国は、通常の引き出し限度額の２０００％、つまり20倍の資金を引き出していたそうです。もちろん、危機に際しては通常の限度額より多額の資金を引き出せることにはなっていますが、それも6～7倍の範囲であり、20倍というのはまったく先例のない破格の金額でした。

結局のところ、ＩＭＦも世銀も得体のしれない組織です。ただし、いずれの組織も大量の経済学博士をかかえこみ、彼らに高給を払っているのはまちがいありません。経済学者をそれぞれの国で、お国のため、金融機関のために働かせるため、大量のあってもなくてもいいようなポストをつくり、優秀な経済学者を雇ってやるというのが、最大の目的で設立された機関じゃないのかと私は思います。

中にはなかなかおもしろい研究成果も発表しています。そういうものも出てはいるのですが、大部分は世界各国の役所が発表したデータを積み上げて集計し、「国民一人あたりだとこんな数字になる」とか、「国際的に見て、先進国は豊かで後進国は貧しいのでなんとかしましょう」とか、当たり前のことを言うだけです。

たとえば1997年、韓国は通貨危機を招き、ＩＭＦが指揮監督に入りました。結局、そのおかげで韓国はほんとうに悲惨なことになりましたが、一応資金は貸してくれます。ＩＭＦが太鼓判を押した再建計画に対して、世界各国で融通しあうシステムです。ＩＭＦ自身が持っている資金を、ほんとうに切羽詰まった国の救済のために使っているわけではありません。ＩＭＦ主導の再建計画に従って、アメリカはいくら、ドイツはいくら、日本はいくら出す、といったかたちになることが多いのです。

韓国経済はＩＭＦが乗り込んでからメチャメチャになりました。もともとアメリカに似た経済体質で、有力産業の上のほうはガリバー型寡占1社と中堅3～4社という業界構造だったのですが、さらに最有力1社の市場支配力を高めるような「改革」を推進したのです。電気・電子ならサムスン、自動車なら現代といったぐあいです。一時的には各産業とも群小各社は没落しても、最有力1社だけは羽振りがいいように見えていました。ですが、結局韓国経済全体を縮小均衡に陥らせ、大学生の各業界最有力1社への就職競争が絶望的に激化するといった弊害ばかり大きな改革でした。

それでも平然と偉そうなことを言い続け、あちらこちらでムダな介入をし、経済学者を高給で雇う。経済学者全体を体制派の味方に付けるための機関としか思えません。

その意味では、第一次世界大戦の戦後処理機関として発足した国際決済銀行（ＢＩＳ）のほうがまだましかもしれません。実際に背負いきれないドイツの国債を、どうやって債務リスケジューリングをするかという実務に関わってきた分、ある程度信用のできる機関です。しかしながら、ＩＭＦと世銀が実務に関わってうまくいった事例は、どう考えてもないような気がします。アルゼンチンにしろ、韓国にしろ、メチャメチャにした事例はたくさんありますが。

また、ギリシャ危機やアルゼンチン危機のときも、各国の中央銀行は救済活動を主導せず、IMFや世銀に問題の下駄を預けることができました。もしIMF、世銀がなかったら、各国中央銀行がそれぞれ対応しなくてはならなかったでしょう。そうすると、失敗した場合に特定の国の政府や中央銀行が責任を取らされたり、妙に突出すると「この機会に支援要請国への影響力を強めようとしているのではないか?」とか痛くもない（痛いかもしれませんが）腹を探られたりといったややこしいことが起きます。

たとえば、ギリシャ危機のとき、貿易や国際的な金融の関係が深かった国は、それなりの責務を負う必要があったはずですが、そのような議論はIMFや世銀に任せ、あまり突き詰めて考えずにすみます。そういった意味では、なくてはならない機能かもしれません。危機の下駄預け機関という、けっこう重要な役割も果たしているのです。

煎じ詰めれば世界的な金融危機に際し、当事者や関係国の中央銀行にできることは限られています。でも「IMFの計画通りにやります」と言えば、一応はかっこうがつきます。奉加帳を回すときも、特定の政府や中央銀行が勧進元ではスムーズに運ばなくても、IMF・世銀主導ならうまくいくことが多いようです。

結局、IMF・世銀の最大の機能は、各国政府や中央銀行にとって下駄を預けやすい場所ということにあるのかもしれません。国際金融における風呂屋の下足番と言ってもいいかもしれません。それにしてはデカい面をしていますが。

Q その点は、国際決済銀行(BIS)も似たようなものでしょうか?

A 先ほども申しましたようにBISは、元々はドイツの払いきれるはずのない第一次大戦の賠償金をどう処理するかのスキームづくりのための機関でした。そのBISが世界中の中央銀行の権威を高めるため、中央銀行の規則をつくり、「我々が中立的な立場でつくった規則を守っているから安全だ」というお墨付きを与え、中央銀行の権威を高めるための機関となりました。

バーゼル合意、いわゆるBIS規制は条例でもありませんし、法的拘束力もありません。国際外交上の条約にBISの立場を規定したものがあるわけでもない。バーゼル委員会など、要するに金融の世界のエリートの集会です。「自分たちで自分たちを監視します」と言っても誰も信用しませんが、「自分たちのつくった委員会で、権威ある経済学者の調査研究の結果を踏まえて、自分たちを監視します」と言えば、なんとなくそれで監視が効くように見えてしまう。ただそれだけの組織です。

でも、ドイツがしょいこんだ債務のリスケジュールを目的として設立された国際協調機関の廃物利用としては、うまくいっていると考えることもできます。ＩＭＦ・世銀のように組織自体がヨーロッパ対アメリカで割れてしまったということもないですし、内部で欧、米両派の角逐がひどいというような話もあまり聞きません。設立年次が早い分だけ、年の功で生臭い権力闘争のような話もなくなり、各国銀行が文句は言うけど従わざるを得ない落としどころのツボも心得ているといったところでしょうか。

Q これまでの話では、中央銀行は国民のためには一切機能していないということになりそうですが？

A そうです。中央銀行が権力を持てば持つほど、物価が不安定になる。金利も不安定になる。マネーサプライも思いどおりに動かなくなる。

少なくともいままでのところは、世の中に混乱を持ち込んだだけです。これが、中央銀行の役割が延々と拡大してきたことの成果です。

それはＦｅｄも、ヨーロッパ各国も、日本をふくめたアジアの各国も基本的には同じことです。ただし、日銀のやり方の拙劣さは抜群で、Ｆｅｄはなかなか巧妙で、あまりボロが出るようなまずいことをして、申し開きもできないといった事態に追いこまれてはいません。ただしＦｅｄの実績としては、１９７０年代末から80年代初めにかけてインフレ率が高まったときに、金利を上げればインフレは鎮まるという思惑で、すさまじい金利の急騰をやってしまったため、世界中でインフレ率が高騰しました。このＦｅｄのバカげた政策を見るかぎり、口先での弁解がうまいか、ヘタかの区別はありますが、どこの中央銀行も推進している政策はほんとうにひどいものです。

影響力だけで言えば、Ｆｅｄが世界最大です。そして、自分たちがしでかした不始末をうまく言いくるめ、少しも悪いことをしていないように見せる技術、これもＦｅｄが抜群です。日銀みたいに正直に「ダメでした」とは、なかなか言いません。しぶとい連中です。

第4章

世界各国中央銀行の現況

Q 結局のところ、世界各国の中央銀行がFedに追従しているように思えますが？

A

　基本的に世界各国の中央銀行はFedに対して「右へならえ」をすればすんでいる時代が続きましたが、最近は様子が変わってきています。

　日銀も欧州中央銀行もマイナス金利に突入しましたが、Fedはフェデラルファンド・レートを上げる。これは、日銀や欧州中央銀行がFedに逆らいはじめたというよりは、Fedが日本やヨーロッパを苦境に追いやっても構わないから、自分の身を守りはじめたという兆候でしょう。いや、他国の中央銀行の心配までしてやる余裕がなくなっている、と言ったほうが正確かもしれません。

　いま、Fedが「利上げをする」と言っても、日銀や欧州中銀は金利を上げたくても上げられません。それを見透かした上で利上げしたり、あるいは「するぞ、するぞ」と脅したりしているわけです。

　先進諸国の中央銀行間には連帯と言えば連帯と言える同業意識はありますが、いままでのようにFedの動向に、みなが右へならえで同じことを言う世の中ではなくなりつつあります。その分だけ切羽詰まっていて、他人のことなんかかまっていられないというスタンスにFedも、日銀も欧州中銀も変わりつつあるのでしょう。

Fedには日本やヨーロッパの中央銀行が潰れても、自分だけは生き延びたいという生存本能があるようです。だからこそ、この異常な低金利から抜け出すための画策をはじめました。ところが、日銀も欧州中央銀行も取り残されていることに気づいていないようです。欧州中銀のドラギ総裁は、ゴールドマン・サックスにいたころはやり手で、大きな儲けを稼ぎ出していたと聞きますが、中央銀行総裁になると頭がぼーっとしてしまうのでしょうか。やることなすこと裏目に出ています。

日銀の「量的、質的緩和、すなわち異次元緩和」というキャッチフレーズは、いまや世界中の金融業界で物笑いのタネですが、どうもドラギ総裁は「異次元緩和が成功した」と思いこんでいるようで、もともとユーロ圏各国の国債発行済み残高が少なくて思いどおりの量的緩和ができなくなると、大手企業の社債や、株のETFまで買うと言いだし、実際に中央銀行としてはあまりにも無責任に、日銀と同じようなリスク資産を買いあさるという暴走をはじめています。

それでほんの少しでも景気回復の兆しが見られるならまだいいのですが、金融市場でのギャンブルに使う元手は増えても、地味な企業による設備投資にはまったく回復の気配が見られません。つくれば必ず売れるという製品もないのに、低利で借りられる資金が多いというだけの理由で設備投資を拡大するお人好しな企業はめったに存在しないということでしょう。

Q 各国の中央銀行の歴史を見ると、自然発生型と、物価安定や通貨発行業務を目的として設立されたものがあるようです。それぞれ、機能のちがいはあるのでしょうか？

A

各国で中央銀行が成立された歴史はそれぞれですが、結局のところ、現代の中央銀行には自然発生型のものはありません。

しかし、国民の付託を受けた議員や首相、大統領が、きちんと目的を明示してつくった中央銀行は、なにかにつけて仕事をやりすぎて失敗する傾向が露骨にあります。

その昔、国王が自分のお気に入りの金貸しに「お前が通貨発行権を独占しろ」と命じ、これは役得だと思い、目立たない程度に役得の恩恵に与りながら地味に、ほとんどなにもせずにやっていた中央銀行のほうがうまくいっていたというのは、歴然たる事実です。

Q
中央銀行がヘッジファンドのような行動様式をとったら、直観的に世界経済に深刻なマイナスがありそうな気がしますが、いかがでしょう？

A

現在、中央銀行が為替に介入したり、自国債を買ったり売ったりしています。果ては日銀など、さすがにいまのところはＥＴＦ（Exchange Traded Fund 上場投資信託）を通じてに限定していますが、自国の株を買っています。これがなにを意味するかというのが問題です。本来、ヘッジファンドが果たすべき金融商品の価格発見機能を、日銀が介入することによって歪めてしまうという、非常に大きな問題を起こしているのです。

価格発見機能とはどういうことかと言いますと、市場で強気、弱気のさまざまな思惑が交錯しながら、売買の結果決まる価格には、それなりの合理性があり、市場が知り得る限りの関連情報は織り込まれているということです。日銀が社債を買ったり、（いまのところはＥＴＦを通して、ですが）株を買ったり、不動産上場投資信託（ＲＥＩＴ）を買ったりすると、この価格発見機能がゆがんでしまいます。

ヘッジファンドのように行動すると言っても、さすがにこの会社をつぶしたいからカラ売りをしかけるということは、いくらなんでも中央銀行としてはできないでしょう。売りからは入らず、買って持つ一点張りのヘッジファンドということになります。そうすると、本来であれば「この会社だけは潰したいから、どんどん空売りしよう」という勢力はいつも劣勢で、買いから入るほうが優勢という価格形成になって、株式市場全体も過大評価になり、潰れて当然というような企業が生き延びてしまいます。

また、すでに日本株ETFを通じて大量の自社株を日銀に持たれているような企業は、明らかに正常な経営判断より日銀のお気に召すような方針を打ち出しています。

一番いい例が、ユニクロを経営しているファーストリテイリングでしょう。あの会社の創業社長は、なかなか頭の単純な方のようで、「これからインフレになる」と政府が号令をかけたとき、突然自社製品を20％から30％値上げしてしまいました。それに消費者がまったくついてこず、大減益になりました。もちろん社長の性格や個人的な資質の問題もありますが、現在のユニクロの一番の大株主はおそらく日銀です。

日本株ETFは日経平均の時価総額で自動的に決めているので、ユニクロやアドバンテストなどの企業の比重が異常に高いのです。企業は大株主様のご意向に添わなくてはいけないので、この景気の悪い世の中で突然、自社製品を20％以上も値上げするようなバカな施策を打ち出したのだろうと勘ぐってしまいます。このように日銀が大株主となった企業が、政府・日銀の意向に添った経営をしてしまうという悪弊が、まず一つあります。

日銀による通貨供給は経済を活性化させていない
岐路に立つ黒田日銀総裁、2013年3月～2016年4月

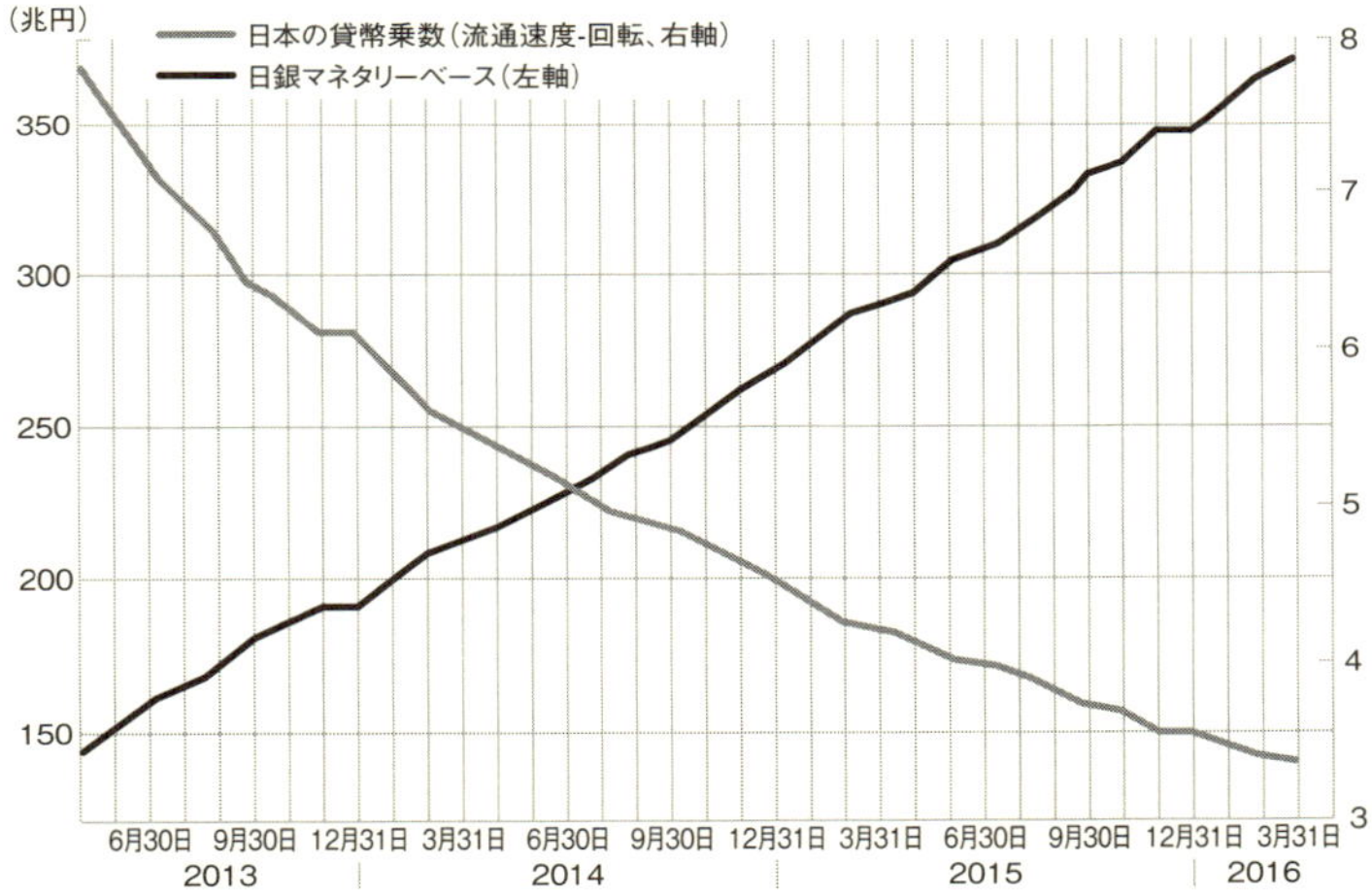

日本株市場という池の中の日銀というクジラ
直近では日本株ETF時価総額の55%を日銀が保有2010年12月～2016年4月

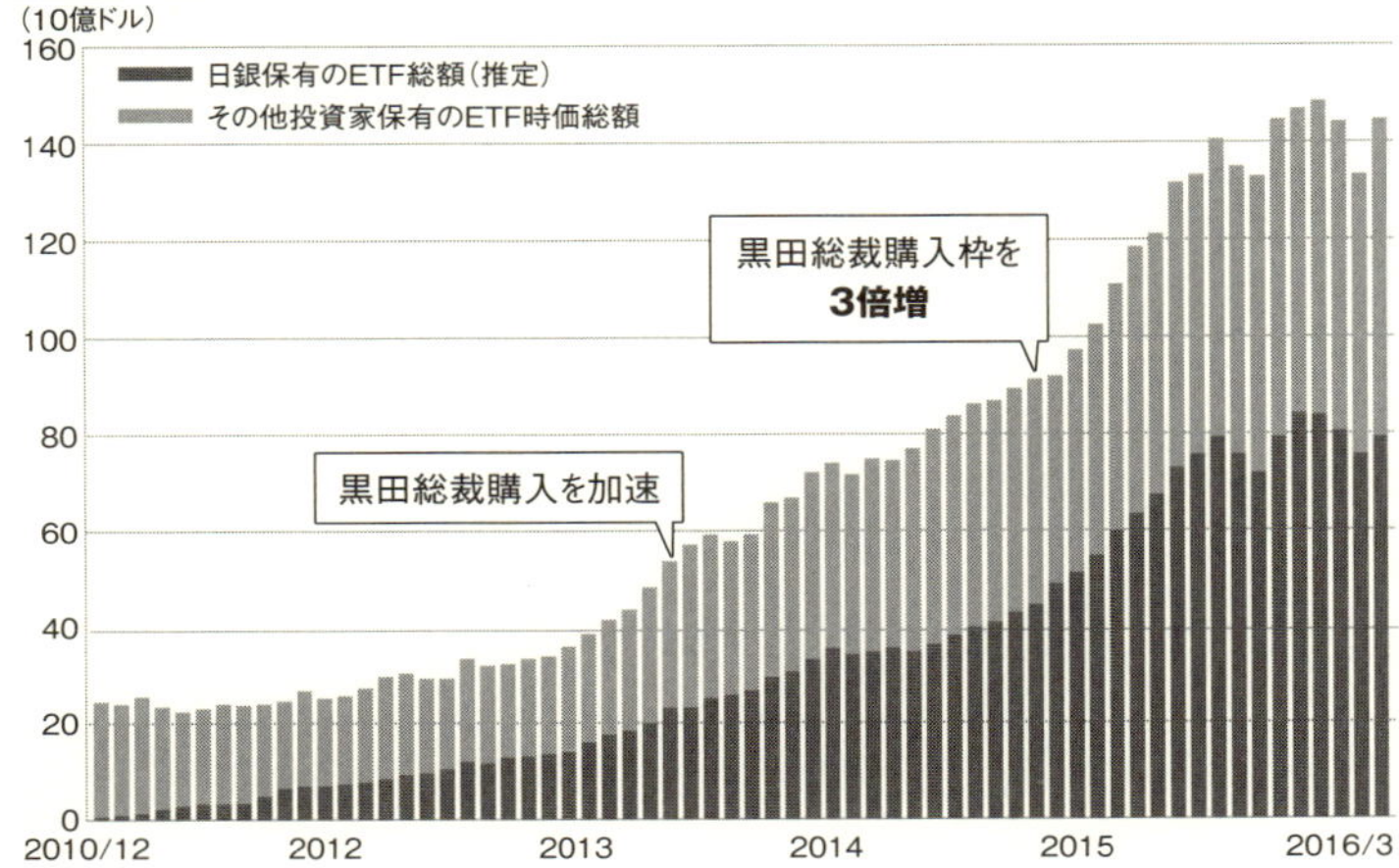

出所:(上) ウェブサイト『Contra Corner』、2016年4月28日、(下)『Zero Hedge』、4月25日のエントリーより引用

もう一つは、ヘッジファンドというと、いかにも悪者にされがちですが、実は健全な機能を果たしています。経営の悪い会社、当然潰れるべきだと思う会社にカラ売りを仕掛けるという、社会的に有用な機能です。

経済というものは、常にどこかで新しい需要が生まれ、その新しい需要に見合った商品やサービスを出した企業が成長していき、いままで通りのことしかできない会社は衰退していくべきです。

ところが、そういう企業でさえも、中央銀行が大株主についたことで絶対潰れない会社になってしまったりするのです。アメリカで連邦準備制度が派手に社債を買いはじめてから、かなりそういう傾向が出ています。日本の場合、実際に株まで買っているので、本来潰れるべき会社が、どういうわけか延命していく。これはほんとうに社会全体に対する被害が大きい。潰れて当然の会社の株を日銀が買い支えている。社会進歩を遅らせるようなことを日銀が率先して行っているのです。これはヘッジファンドが果たしている役割と正反対です。

当然ですが、中央銀行はカラ売りなど仕掛けません。つまり、相当な資金力を持った買い一本やりのヘッジファンドがあると、そこに対して売り向かうヘッジファンドの業績が悪化して、次々と潰れていくのです。ヘッジファンドがカラ売りを仕掛けると、買い支えが入る。市場が不均衡になってしまいます。また、カラ売りというのは怖い投資手法で、買いから入った株で出す損失は最大でも買い値を丸ごと失うだけですみますが、確実に値下がりすると思ってカラ売りをした株が上がりつづけると、カラ売りでこうむる損失は理論上は無限大です。

機敏な投資家は、そこに眼を付けて、カラ売りの集中している銘柄にわざと買いを入れて株価を上げ、損失が膨らむのを防ごうとカラ売り筋が高値で買い戻すように仕向けます。これを「踏み上げ買い」と言っていますが、各国中央銀行が量的緩和で金融市場にジャブジャブ資金を供給するようになってから、一、二を争うほど投資効率の高い手法が、カラ売りの集中している銘柄に踏み上げ買い狙いで買いを入れることになってしまいました。

それでいま、ヘッジファンドがどんどん衰退しているのです。特にアメリカは、大手ヘッジファンドの経営が軒並み苦しくなり、新規募集を辞めるどころか、すでに持っていた運用資金を返して解散するところも出てきています。この状況に、中央銀行が株や社債に介入しすぎたことの歪みが表れていることは明らかです。

日銀が買っている日本株ＥＴＦの構成銘柄は、基本的に日経平均のパフォーマンスを忠実にトラックするかたちで決まっています。要するに、日銀が行っているのは日経平均の買い支えです。ヘッジファンドなのに買い支えるだけで売りはしない、明らかに異常なヘッジファンドです。今後、日経平均が上がりすぎて暴騰するのが困るから日銀が売って熱気を冷ま

いまや米株は完全にFedの資金供給で支えられている

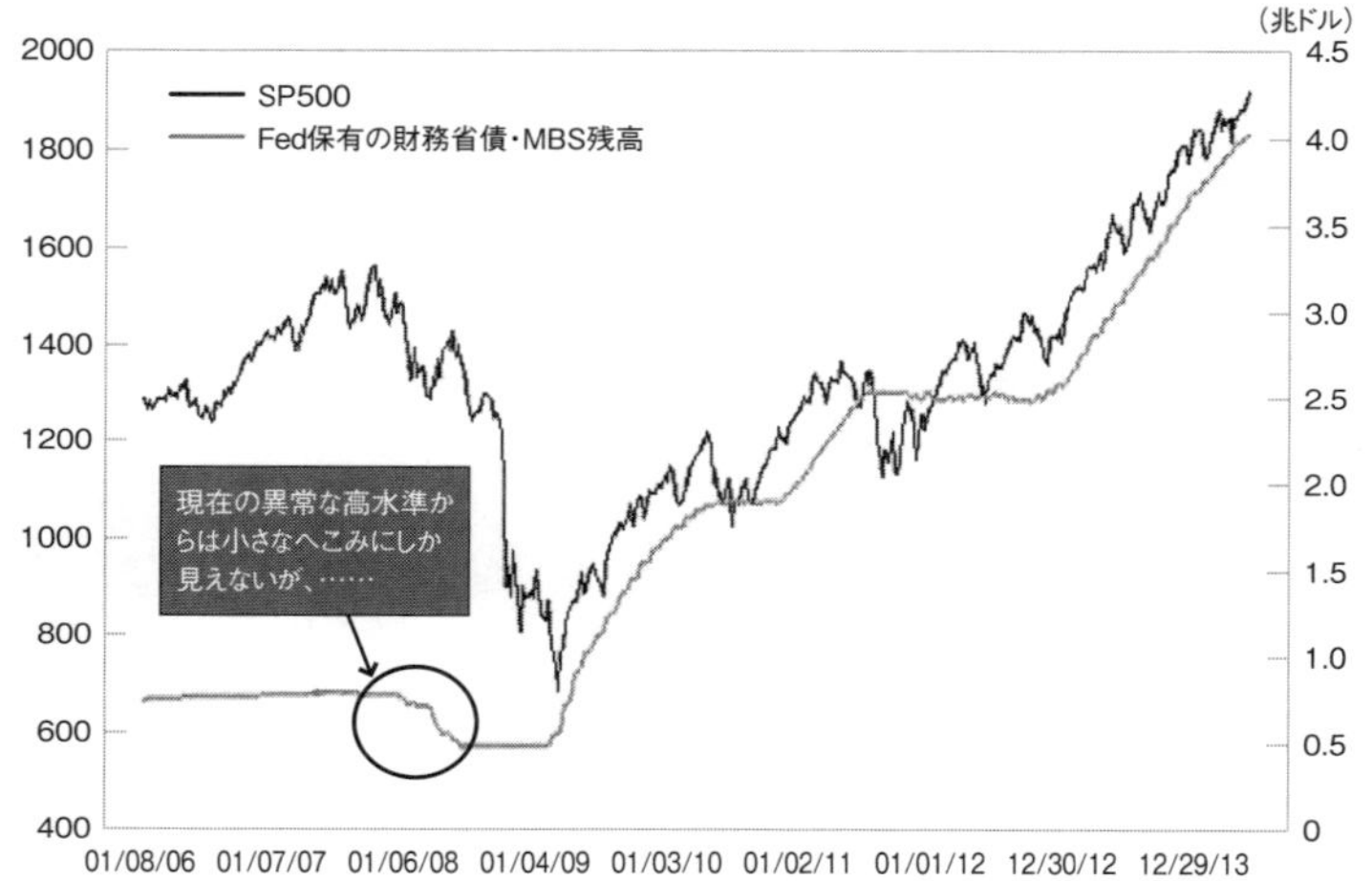

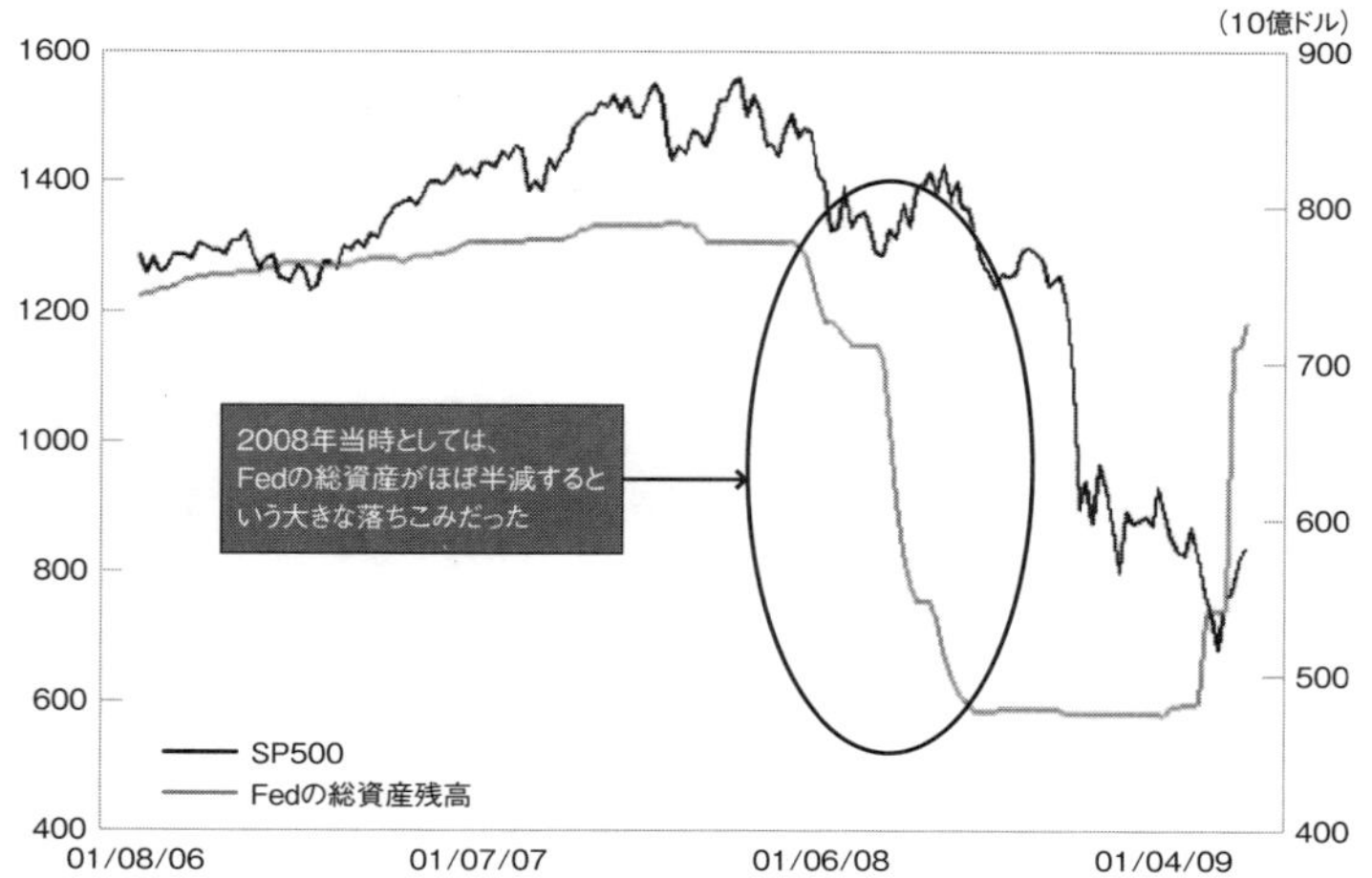

出所：(上) ウェブサイト『Financial Sense』、2014年6月27日、(下) 同2013年11月21日のエントリーより引用

すような大バブル相場がくる可能性はまずないでしょう。結局、どんどん割高になって質の劣化している有価証券の紙切れを買い集めているだけです。

Q 日銀がこのまま金融資産、とくに日本国債を買い進めるとどうなってしまうのでしょうか？

A

私は平成の徳政令が、大いにありうると思っています。

このまま順調に日銀が日本国債を買い続けると、２０１９年、20年ごろに日銀の国債流通残高に占めるシェアが60％を越えてしまいます。そうなった場合、日銀が買った国債の償還期限がきたとき、財務省は期限通りに決済できるでしょうか。日銀が紙幣をさらに増刷して、借換債を買い取ってやらない限り、これほどの額の決済を財務省ができるはずがありません。それは、問題を先延ばしにするだけで、解決にはなりません。

ではどうするのか。日銀が自分の手元に持っている日本国債について債権を放棄する。つまり日本国政府向けに限定した日銀による徳政令です。その可能性は非常に高いし、実害もほとんどないと思います。

日銀券流通高と日銀総資産中の日本国債残高比較 2001〜13年

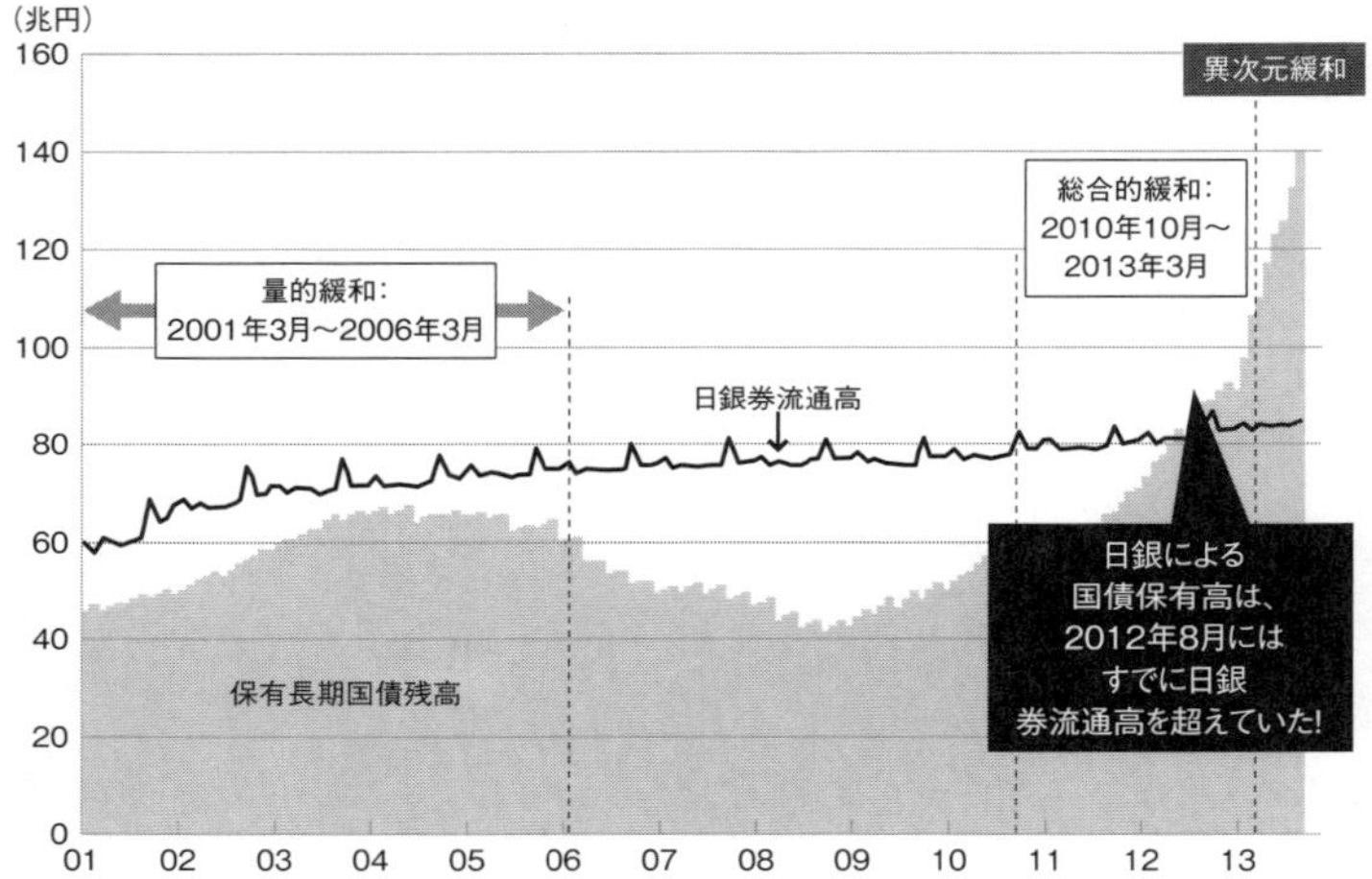

日銀と国内銀行の保有する日本国債残高比較

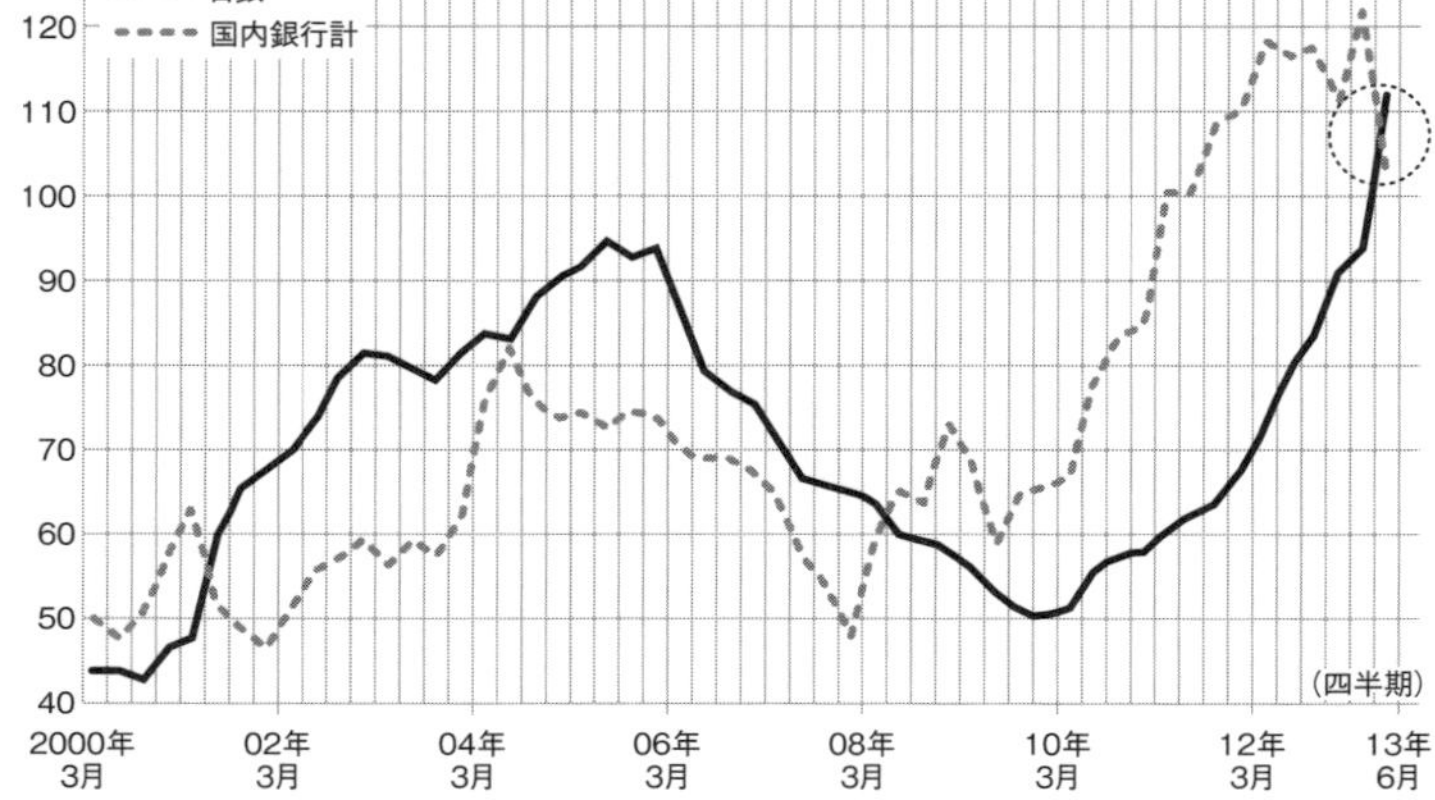

出所：ウェブサイト『Acting Man』、2014年4月30日のエントリーより引用

先進12ヵ国総債務内訳と対GDP比率、2015年12月末現在

国名	米ドル評価1人当たりGDP順位	債務額　（単位：兆米ドル）					債務の対GDP比率			
		総債務	金融企業債務	民間非金融業債務	政府債務	2015年のGDP	総債務	金融企業債務	民間非金融業債務	政府債務
アメリカ	6位	36.897	14.967	5.518	16.194	17.947	205.6%	83.4%	30.7%	90.2%
アイルランド	9位	0.884	0.735	0.012	0.137	0.238	371.4%	308.8%	5.0%	57.6%
イギリス	14位	5.824	2.679	0.526	2.615	2.849	204.4%	94.0%	18.5%	91.8%
オランダ	16位	2.014	1.547	0.088	0.380	0.738	272.9%	209.6%	11.9%	51.5%
カナダ	17位	2.013	0.518	0.421	1.073	1.552	129.7%	33.4%	27.1%	69.1%
ドイツ	20位	3.321	1.394	0.147	1.779	3.357	98.9%	41.5%	4.4%	53.0%
フランス	22位	3.988	1.447	0.606	1.935	2.422	164.7%	59.7%	25.0%	79.9%
日本	26位	11.179	2.208	0.623	8.348	4.123	271.1%	53.6%	15.1%	202.5%
イタリア	27位	3.008	0.882	0.141	1.985	1.816	165.6%	48.6%	7.8%	109.3%
スペイン	31位	1.797	0.771	0.028	0.998	1.200	149.8%	64.3%	2.3%	83.2%
ポルトガル	39位	0.279	0.093	0.037	0.150	0.199	140.2%	46.7%	18.6%	75.4%
ギリシャ	41位	0.141	0.057	0.002	0.082	0.195	72.3%	29.2%	1.0%	42.1%

出所：『Zero Hedge』、6月7日、『世界経済のネタ帳』「世界のGDP」、「世界の1人当たりGDP」のエントリーより作成

日本は借金だらけで大変な国情になっていると、みなさん信じていることでしょう。実情としては、日本国債が異常な高額に達していて、政府の債務だけでGDPの200％を超えています。このような国は世界中他にありません。2位のイタリアですらGDPに対する比率は110～120％です。上の表をご覧ください。

日本だけ国債発行額がGDPの2倍を越えるような金額になっていますが、この政府債務が3分の1になれば、日本は債務が過剰な国ではなくなります。民間企業や個人世帯は、むしろ堅実に経営していて、あまり債務がありません。

だからこそ、一番質が悪化しそうな日

アメリカのインフレ率、1790〜2015年

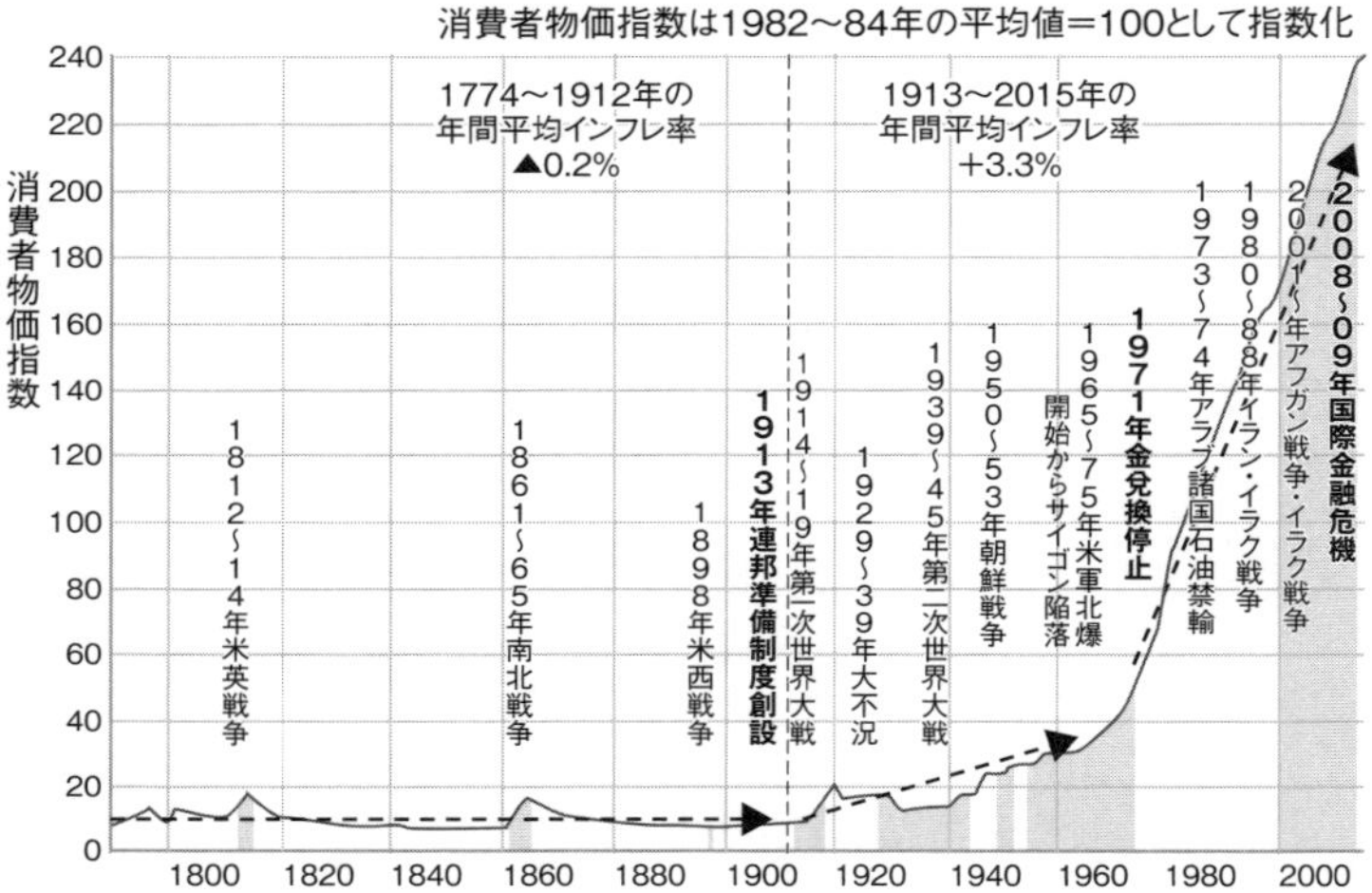

アメリカのトップ1%とボトム90%の所得累計成長率、1917〜2012年

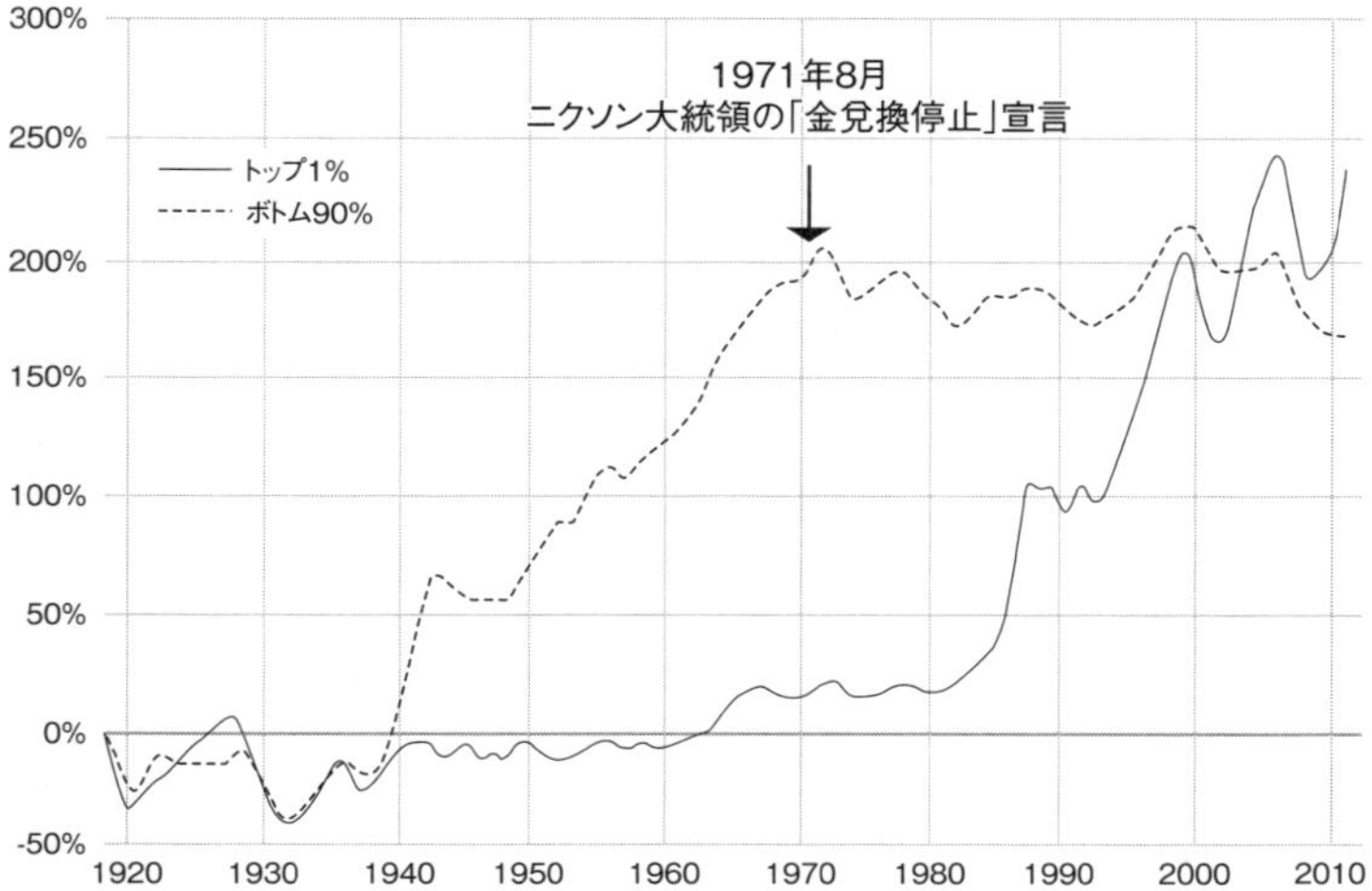

出所：ウェブサイト『Zero Hedge』、2016年7月10日のエントリーより

本国債を、まず債権放棄すべきです。そんな大胆なことはとうていできないでしょうが、日本経済を健全化するために一番安上がりで被害のない方法は、日銀による日本国債の債権放棄だと思います。

もし、国債の債権放棄などという大胆なことをしたら、アメリカをはじめ各国から文句を言われることでしょう。たとえばＦｅｄがアメリカ国債の債権放棄させられたりしたら、大いに困る利害関係者が大勢いますから。悪い先例、これは利権集団にとって悪く、国民にはいい先例ですが、それをつくってもらっては困るのです。

そもそも日本経済は、ほとんど政府による国債発行に依存せず高度経済成長を達成していました。１９５０~70年代には、ＧＤＰ成長率でも先進諸国で群を抜いていましたが、国家債務の残高も先進諸国でもっとも低いという夢のように健全な経済を築いていたのです。

日本経済の国債依存度が急上昇しはじめたのは、１９８９~90年のバブル崩壊直後ではありません。１９９０年代半ば、94~95年あたりから急上昇しました。ちょっとご年配の方は覚えていらっしゃるでしょうが、このころ国債発行高が急増したことによって景気がよくなったとか、企業業績が好転したとかいう話はまったくと言っていいほどありません。

「公共事業依存度の高い土木系のゼネコンは儲かって、儲かってしょうがなかったのではないか？」とおっしゃる方もいます。私はたまたま当時、外資系の証券会社で建設・住宅・不動産のアナリストをしていたので、多少内情を知っていますが、むしろ正反対です。当時のゼネコン各社は、「この工事はしょうがないからうちが請け負うけど、今度の発注は、お宅が請け負ってくれよ」とババを押し付け合う談合をしていました。公共事業の発注単価は、それほど実情にそぐわない低水準だったのです。

で、結局どういうことが起きたかというと、日本中で必要性の薄い社会インフラ、生活インフラ、そして公共建築が、まさに雨後のたけのこのごとく続々建設されたのです。しかも、請け負うゼネコンには低採算工事という迷惑をかけながら。一つで十分な本四架橋が3セットもできてしまったのは、その典型でしょう。

結局のところ、１９９０年代日本の国家債務激増は、受注企業には低採算工事を強いながら、まんべんなく必要性の希薄な社会基盤、公共建築を増やしたにとどまり、特定のグループがすさまじい利権を確保することはなかったのです。これが、たとえばいますぐにでも、あるいはもう少し大量の国債を買い集めてからでも、日銀が国債の債権放棄をしても、経済全体に顕著な弊害は出ない最大の理由です。

ケインズは、民間需要の少なさを補うための公共部門による財政出動を正当化する論拠として「もし金利が十分に低ければ、道路の小さな穴を埋め、小さなでっぱりを削るだけの作業に巨万の富を費やしたとしても、長期的には採算が取れる」と書いています。ケインズにしては珍しく、掛け値なしの正論です。

金利が限りなくマイナスに近くなっている現状では、どんなにムダに見えても社会基盤の整備は行っただけ国民生活の利便性は向上するので、まったくのムダではありません。ムダではないけれども、経済発展には目に見える貢献もしていない。経済発展そのものの成長率が低く、金利も低く、ほとんど利払い負担が増えていない限りは、債務の増加自体は特に大きな問題ではないのです。

現在の日本は金利水準がかなり低いので、巨額の債務にかかる利払い負担のほうが元本よりも大きな重荷になることは、あまり心配しなくていい状態です。ただ、経済情勢は変わるものでして、突然金利が急上昇したらにっちもさっちもいかなくなります。そこで、もう一歩踏み込んで、低金利が続いているうちに日銀が国債の元本を棒引きにしてやればいいのです。

Q 日銀がかき集めた日本国債の債権放棄をするだけで、日本経済全体になんの悪影響もなく、国家債務だけは半分とか、3分の1に減らせるというのは話がうますぎて信じられませんが？

A

ごもっともです。ふつうに機能している国民経済で、最大とも言えるような大問題、日本の場合は国家債務がＧＤＰの2倍強と世界一大きいことですが、これを国民各層にほとんど被害をおよぼさずに大幅に縮小できるというようなうまい話はあり得ません。ところが日本にはそういううまい話が転がっているのです。

どうしてかと言うと、日本国債によって非常においしい儲けを得ている組織なり、企業、個人はほとんどいないからです。国債支出でつくった施設や、国債資金そのものを私物化して優雅に暮らしている特権階級が成立してしまっていれば、日銀による国債の債務免除は、日本経済全体にマイナスの影響を及ぼします。「そもそも特権階級の成立自体が倫理的に不正なことだから、消滅は歓迎すべきだ」という議論はあるでしょうが、経済全体の規模縮小は避けられないでしょう。

ところが、日本ではみごとなほど、この国債大増発というチャンスに乗じて特権階級を形成する動きが希薄だったのです。利権集団がぼろ儲けをしていたりすると、そのぼろ儲けの分だけ、日銀が債権放棄をしたときに被害が出ます。幸いにして日本は、そこまで腹のすわった悪党がいなかった。だからこそ、徳政令をやるべきではないかと私は思います。混乱もほとんど起こらないでしょう。

日本国債を財源にした事業の大部分は、日本経済になんの貢献もしないようなムダなことばかりでしたし、そのムダによって生活水準が急上昇たり、ぼろ儲けしたりしたという人もほとんどいません。日本国民の健全と言えば健全、小心と言えば小心なところは、これだけ国家債務残高が激増した１９９０年代に、特定グループに属する人たちが明らかに私腹を肥やしたとか、明らかに人気取りの大判振る舞いをしたとかの話がなかったことです。

たとえばギリシャはユーロ圏に加入したとたんに、それまで高金利でしか出せなかった国債が、ドイツやオランダ並みの低金利で発行できるようになりました。このチャンスにギリシャは国債を大量発行して、政府官僚がお手盛りで給料を上げたり、年金を異常に手厚くしたりしました。突然、年金支給水準がべら棒によくなったので、50代半ばで引退する人が激増したとか、国家公務員や自治体公務員の給与水準が１・５倍になったとか、２倍になったとかという話を聞きます。

日本が同じようなことをやっていた場合、日銀が日本国債に対象を限定して債権放棄をしたとしても、突然官僚の生活が苦しくなったり、年金生活者が貧乏になったりして、大騒ぎになるでしょう。

もちろん、日銀がこの債権放棄をバランスシート上でどう処理するかという問題は残ります。消去した国債残高に見合って日銀券を回収して、マネタリーベースを圧縮するというのが、一番健全な対応でしょう。私は、日本の場合に限って言えば、国債の債権放棄を日銀が行ってもなに一つ悪いことは起きず、国民全体にとっての債務が減って、万々歳だと思っています。

日銀が日本国債に関して債権の放棄を宣言して日銀が持っている日本国債の価値をゼロにし、同時に日銀が発行している日銀券は日本国債の価値を減じた金額だけ回収した分の紙幣を新札で再発行せず、マネタリーベースを削減する。日銀券を回収しっ放しにするだけで、簡単にできることです。

政府・日銀は「あんなにマネタリーベースを激増させてもデフレから脱却できなかったのに、ここでマネタリーベースを激減させたら、すさまじい大デフレに陥る」と怖がるでしょう。そして、「たいへんなことが起きる。デフレになって、日本国民がみんな貧乏暮らしするようになる」とか、「ハイパーインフレになり、金を持った瞬間に少しでもモノやサービスに変えようとするから、どんどんインフレが進む」などと現在の政府・日銀の政策を擁護するために大騒ぎする人がきっと出てきます。

でも、それは話が逆なのです。賢明な日本国民は、いまの世の中でインフレになってもなんの得もないと知っているからこそ、日銀が必死にマネタリーベースを拡大しても、マネーの流通速度を遅らせて、金融環境をゼロインフレから若干のデフレに保ってきたのです。ここでマネタリーベースを大幅に削減すれば、それに見合った流通速度の上昇で、やはり若干デフレ気味の金融環境にするだけのことです。

もし、日銀が性懲りもなく肥大化したマネタリーベースをそのまま維持したり、もっと拡大したりするために、さまざまな金融資産を買いあさったら、実害ゼロではすまないでしょう。バブル的な上昇とその後の急落を示す金融資産があちこちに出てくるでしょうから。

でも、いままでこれだけ日銀の無茶なバランスシート拡大政策に耐えて、インフレを許さなかった日本国民が、突然大規模なバブルに踊らされるとは考えられません。その被害は、ハイパーインフレで実質的な元本負担をゼロにするしかないという惨状に陥った場合の被害に比べれば、はるかに軽微でしょう。

日銀が驚異的な勢いでマネタリーベースを増やしている時期にも、日本国民は「もうすぐインフレになる」という口車に乗って、どんどんモノを買い、実際にインフレにしてしまったわけではありません。マネタリーベースが増えれば増えるほど、自分がカネを使う回数を減らし、つまり貨幣の流通速度を下げ、マネタリーベースは増えたけれども、実用的なマネーサプライは、ほぼ平準化したままでやってきたわけです。

だから、ここで日銀が債権放棄をして、マネタリーベースがドスンと下がっても、今度はその流通速度を自然に上げていけばいいだけで、なに一つ被害は出ないと思います。

Q 日本経済はあい変わらずデフレ基調が続くというのは、大問題なのだと聞かされてきましたが？

A

いまだに「デフレは経済を崩壊させ、インフレは中層以下の勤労者を豊かにする」というまったく歴史的根拠のないデマにもとづくリフレ政策が世界中で推進されています。歴史的データを偏見なく評価すれば、事実は正反対だったことを示しているのですが。

アメリカの消費者物価上昇率を1790〜2015年という長期にわたって収集したデータがあります。そのデータによれば、197ページ上段のグラフからは、ちょっとはみ出しますが、アメリカ独立革命直前の1774年から連邦準備制度が創設される前年の1912年まで、アメリカの消費者物価上昇率は年率平均でマイナス0・2％でした。

「アメリカ経済がこの時期に壊滅の危機に瀕していた」などという暴論を唱える人はいない

でしょう。イギリスが北米大陸北東部に築いた13州の植民地は、独立革命戦争前後には北米大陸の中でもスペインやフランス植民地に比べても貧しく、スペイン・ポルトガルが領有し金銀を豊富に産出していた南米の植民地とは比較すべくもないほど貧しい植民地でした。それが20世紀初頭には、イギリスと世界覇権を争う経済大国にのし上がっていたのです。

しかし、中央銀行設立の試みに二度失敗していたアメリカ金融業界は、ついに１９１３年に連邦準備制度（Ｆｅｄ）設立に成功し、翌１９１４年からこのＦｅｄがアメリカの中央銀行として業務を開始しました。ただ、Ｆｅｄ設立と同時に金本位制が放棄されたわけではなく、各国通貨がそれぞれ自国通貨いくらを持ちこまれれば、１トロイオンスの金と交換するという金固定相場によって、金本位制は維持されていました。つまり、世界各国の中央銀行は、金準備という担保が付いてこなければむやみに紙幣を増刷することはできない建前になっていたのです。

それでも、Ｆｅｄの創設を境に、それまでマイナスだった消費者物価上昇率はプラスに転じました。インフレの次にはデフレがくるというそれまでの自然な景気循環の世界が、万年インフレの世界に変わったのです。でも、この年から１９７０年までのインフレ率は、年間で１％前後というおだやかなものにとどまっていました。

１９３０年代大不況と１９３８〜45年の第二次世界大戦の混乱期を経て、金本位制は米ドルのみが金との無条件の兌換性を保ち、他の諸国の通貨は米ドルとの固定相場によって間接的に金本位制を維持するという「金為替本位制」に変わりました。いわゆるブレトンウッズ体制です。

1971年8月に当時のアメリカ大統領リチャード・ニクソンが、一方的に「米ドルの金兌換を一時停止する」と宣言して以来、二つの大きな変化がアメリカ経済を襲いました。一つめはインフレ率の加速で、金為替本位制時代は年間1％前後だったインフレ率が年間4～5％へと急上昇しました。Ｆｅｄ設立以降の年間平均インフレ率が3・3％というわけです。

二つめの変化として鮮烈に表れたのが、197ページ下段のグラフが示す所得格差です。第二次世界大戦後、ニクソンによる金兌換停止宣言までは、アメリカ国内で所得トップ1％の所得はほぼ横ばいにとどまり、下から90％の所得が年々伸びつづけるという理想的な展開を示していました。

ここで理想的展開と書いたのは、平等主義的なイデオロギーからの判断ではありません。人々がより多くのモノやサービスを享受できる成長性の高い経済にするために理想的だということです。世界中どこでも金持ちの限界消費性向は低く、貧しい人々の限界消費性向は高いのです。

限界消費性向とは「所得が1ドル増えたとき、そのうち何セントを消費に使うか」を示します。大金持ちのあいだでは限界消費性向がゼロとかマイナスになることもあります。「こんなに儲かるものなら、もう消費水準は十分高いのだから、増加した所得以上の金額を投資に回して、もっと儲けよう」という判断をすれば、マイナスになるからです。これに対して、低所得層で1ドル所得が増えれば80～90％が消費に回ることも多いのです。

多くの人々が消費を拡大すれば、経済全体も必ず拡大します。一方、投資はギャンブルであって、うまく収益増や勤労所得増に結びつくこともあれば、結びつかないこともあります。ところが、金兌換停止宣言後は、トップ1％の所得ばかりが伸び、下から90％の所得は横ばいから低下へと変わっていったのです。過去10～20年間の先進諸国の成長率低下は、慢性的なインフレによって所得が高額所得者ばかりに集中し、消費性向が下がり、経済が停滞していることを示しています。

なぜ、慢性的な高インフレが所得格差を拡大させるかと言えば、インフレとは一方的に借り手に有利で、貸し手に不利な経済環境だからです。カネを借りている人たちは、借りたカネで経済活動の規模を拡大することによる収益増の恩恵を受けるだけではなく、借りたカネの元本を返済するときの実質負担が、インフレ率が高く、返済期間が長いほど軽減されるという二重の恩恵に浴します。

国や一流企業や大手金融機関、そしてカネを借りる必要などまったく感じない大金持ちは、いつでも、いくらでも、何回でもカネを借りられます。しかし、貧乏人は買った家を担保にした住宅ローン以外に大金を借りることはできません。つまり、国民経済全体で見ると、個人世帯と銀行にある預金残高一杯までの融資さえ受けられないような零細企業は貸し手であり、国、地方自治体、大手から中堅の企業、そして金融機関は借り手なのです。

金準備という担保が必要だという制約から解き放たれた世界中の中央銀行が、際限のない紙幣増刷競争をくり広げて、貸し手である個人世帯や零細企業からカネを巻き上げ、公共部門・一流企業・大手金融機関にばら撒く金融政策を取りつづけた結果が、世界的な経済成長率鈍化であり、貧富の格差拡大なのです。

Q イギリスがEU離脱を決めました。各国への影響はどうでしょうか？

A

ドイツはEU圏、ユーロ圏の中で一人勝ちしているとフランスやイタリアなどから批判されています。ユーロではなくドイツマルクだった時代は、ドイツ経済が強くなるにしたがってマルクが高くなり、ドイツ国民は、その分、自分が買えるものが増え、実質的な所得増という恩恵を受けていました。しかし、ドイツがEUに加盟して通貨がユーロになってからは、ドイツ経済の実力に比べてユーロが低すぎるので、ドイツ国民は損をしていることになります。

ドイツ国民の実質所得、特にドルベースで数えた時の実質所得は、ドイツマルクだった時代に比べ、ユーロになってからは明らかに低下しています。ドイツ一人勝ちと言われていますが、安売りをして輸出産業はユーロ換算で支払われるので儲かっているように見えるだけです。実はドルベースで見ると、ほとんど儲かっていません。結局、ドイツ国民はモノやサービスをいままでよりも少ない量しか輸入しかできなくなったのです。

だから、ドイツがユーロにしがみついているというのが、私にはほんとうに不思議で不思議でしょうがありません。

イギリスはポンドを通貨として維持したままEUに加盟しました。当時、イギリスはユーロに入りたかったのですが、かなり財政が危なかったので、ユーロ圏の他の国からなかなか認められず、ポンドという独自通貨を維持しながらEU圏には参加するかたちをとったのです。

結果論としてみれば、大正解だったわけです。イギリスはEU圏に入っているから、人やモノの移動の自由はほぼ無制限で、ヨーロッパ大陸のどこの国へ出入りできる。その一方で、ユーロというばかばかしい継ぎはぎの通貨を使う必要がなく、ユーロ下落の被害は受けなくてすむ。特にいまのドラギ総裁になってからのＥＣＢは、無為無策でたらめな金融政策をとり続けていますから。

イギリス最大の優位は、ポンドを維持しながら、ＥＵ圏と自由な出入りができるということだったわけです。今度はＥＵを脱退することになり、条件として明らかに多少は不利になりますけが、イギリス経済が壊滅するほど不利になるかというと、むしろそうではありません。イギリスがＥＵを脱退することによって、一番大きな被害を受けるのはＥＵであり、イギリスの被害はＥＵの被害ほどは大きくならないと考えられます。イギリスのＥＵ離脱決定後の株価の動きを見ていても、ユーロ圏は壊滅状態ですが、イギリスのＦＴＳＥ１００はそれほど下がっていません。

Q 自国通貨を安くすることで輸出競争力を高め、輸入インフレを目指す中央銀行もあるようですが？

A 投機的な資金による為替相場の乱高下を警戒するという表面的なスタンスでは、世界各国の中央銀行は協調しているように見えます。しかし、実際には自国通貨を安くすることによって輸出競争力を高めたり、デフレをインフレに転換したりするための「輸入インフレ」を目指す中央銀行も多々あります。

特定の目的のために相場を操縦するという意味では、巨大金融機関となんら変わりませんが、「バカなことをやっているな」としか言えません。

そもそも自国の通貨が安くなることによって、輸出関連企業の利益は自国通貨ベースではたしかに増えます。円安になれば、日本円で数えると輸出はかなり拡大し、儲けも増えているように見えます。しかし、実際に輸出先の国の通貨で換算したら、まったく増えていません。むしろ減っています。輸出数量はまったく増えないか、むしろ減少気味だからです。

円安にしたことで、貿易相手国が日本のモノやサービスをいままでより多く買ってくれるなどということは、ほとんど皆無に近い。それには十分な理由があります。日本が輸出している工業製品のうち82～83％は、資本財や中間財と言われるもので、設備投資するときの機械装置やモノをつくるための素材です。カーボンファイバーや半導体用フォトレジスト、白色LEDなどはどんどん輸出が拡大していますが、現在、日本が最終製品として輸出しているものは工業製品全体の16～17％にまで減少しています。

円安にしても、まったく輸出が伸びない最大の理由は、資本財や中間財は企業が自らの生産計画にもとづいて買うものであり、多少日本円の相場が動いたからといって、増やしたり、減らしたりするものではないということです。また、どこの国のどの工場でも日本からだけ資本財や中間財を買っているわけではありません。それぞれの国で、いろいろな国から買った資本財、中間財を組み合わせて最終製品をつくっています。だから、円安にしたところで、輸出が伸びる要因にはほとんどならないのです。

一方で、円安は我々日本人一般にどんな意味を持つでしょうか。日本国民全員が、いままで80円で買えていた1ドルのものが、100円、120円出さなければ買えなくなる。つまり、日本国民全体を貧乏にして、輸出産業だけが円ベースで見れば儲けが増えたように見せる小手先の細工のために、これほどバカなことをしているわけです。

ところが、多くの人は「私の持っているお金の価値が下がった、円安なんてなにもいいことがない」とは言いません。特に悪質なのは経済学者で、それが十分わかっているはずなのに、「円安で景気がよくなる」などと大ウソをついています。

実際、「最近、日本の旅行収支が大幅に改善」といった見出しを新聞で見ました。しかも、このことだけで「日本は景気がよくなった証拠だ」などとバカなことが書いてありました。たしかに、大幅な円安で日本にくる外国人が増え、買い物をする金額も増えたことは事実です。ただ、日本人が海外に行ってもいままでほど円の使いでがなくなったので、海外に行かず、国内旅行をするようになった。この要因を見落としてはいけないと思います。

つい最近まで、日本人はふつうの庶民に至るまで頻繁に海外旅行をしていました。これは先進諸国の中でも、かなり珍しいことでした。先進諸国でも、国民の大部分は自国を出たがらない国が多いのです。それは食事一つをとってもわかります。日本の大都市では世界中のありとあらゆる国の料理が食べられます。今日は中華、明日はフレンチ、たまにはエスニックと、世界中の先進国でこれだけ庶民が気軽に食べられる料理のバラエティの多い国は日本以外にありません。

イギリスに行けばほんとうにイギリス料理ばかり。フランスはもちろんフランス料理ばかりです。たまに見かけるのは中華とインドのカレー店ぐらいです。それ以外の外国料理は、本物の大都会で、しかも流行の最先端を行くような人達が集まっているところにしかありません。

欧米でその日の気分次第でさまざまな国の料理を食べ歩くというような生活をしている人たちは、高学歴の人だけです。庶民はほとんどそんなことは知りません。それぞれの国で、昔からの伝統的な食事をしているだけです。金銭的にも、外国料理を食べようとすると、かなり割高になります。日本人はいろいろな国の料理を食べるし、実際に本場の味を知っている人も多い。しかし、日本人のあいだでもそれができなくなりつつあります。この2年間で、海外旅行者数が激減しました。ほんとうに大きな被害だと思います。

というのも、実際に海外に行き、外国人はみな悪い人ばかりではなく、おいしい料理もあるということは、体験しなければわかりません。近年、日本の若い人たちの間で、嫌韓や反中の人たちが異常増殖しているのは、やはり日本人全体が貧乏になり、実際に韓国や中国に行ってみる人たちが激減しているのも理由の一つではないかと思います。そういう体験の場を奪ってしまうという意味で、自国通貨を安くする政策は、ほんとうに大きな被害が出ています。自国通貨の価値を棄損する政策は、国民全体を自閉症にする政策です。

輸出大企業のトヨタですら、この円安を喜んではいないでしょう。トヨタは海外生産比率も高く、国内工場で製造する場合も円安で割高になった海外の部品も相当多い。ネットで考えると、為替差益でかろうじて増益を維持してきましたが、為替差益を抜いて考えたら、利益は全然増えていない。今年度についてトヨタは前年度比44%の大営業減益予想をしています。

Q 中国人民銀行のスタンスは、FedやECBとちがって独自路線なのでしょうか？

A

　中国人民銀行は中国の中央銀行です。現在、中国では政争がかなり深刻になっているので、中央銀行もその政争の成り行きをみながら、あちらに振れたり、こちらに振れたりしているという感じです。

　習近平の経済参謀は、比較的オーソドックスなマネタリストのようです。政治序列ナンバー2の李克強首相は、どうやら狂気のケインジアンらしく、景気が悪くなったら、どんどん信用を供給すれば景気が回復するという信念を持っているフシが見受けられます。

　2016年の1月から2月にかけて中国の景気が非常に悪化したとき、李克強はたいへんな金額の信用注入を行いました。その結果、石油や銅、鉄鉱石、粗鋼などのいわゆる市況商品が急激に上がりました。

「は、ほら見ろ。これでちゃんと景気がよくなったじゃないか」と李克強が言ったらしいのですが、習近平はこれが気に入らない。李克強の手柄にしたくないのです。マネタリストの経済参謀の言うことを聞き、いきなり商品市況での信用売買をかなり強権的に引き締めはじめたそうです。それまではギアリング比率20倍、30倍（自己資金に対して20倍、30倍の借金で売買規模を拡大すること）でも平然と取引させていたのに、突然ギアリングを停止してしまいました。それで3月、4月ぐらいまでは回復しかけていた市況商品が、また急落に転じました。原油も、もうそろそろかなり深刻な下げに転ずると思います。

これらに対する人民銀行のスタンスが、どうもよくわかりません。まだはっきりとどちらにつくか決めていないようです。だからそのとき、そのときで調子がいいほうにつき、締めたり緩めたりしているようです。基本的には、現在の中国の政治体制が続く限り、絶対に李克強が習近平に勝つことはありません。そういう意味では、中央銀行のスタンスとしては、まあケインジアン的な自爆路線より、もう少しおとなしい路線で引き締めを続けるでしょう。それで少々景気が悪くなったとしても、ふくらませすぎた信用をこのままに放置しておけば、突然爆縮するしかないので、軟着陸に近い落ち着きどころを狙い、徐々に締めていくのだろうと推察しています。

その場合、いまの中国経済は輸出は1桁のマイナスで済んでいますが、輸入は毎月2桁のマイナスが続いています。中国は海外からモノ、特にエネルギー資源や金属資源を買えなくなってきています。今後、そう遠くない将来に相当深刻な不況になるのはまちがいありません。

中国はいままでムチャクチャな設備投資を続けてきました。将来、投資したものが収益を生んでくれるからこそ投資になるのですが、収益を生んでくれなかったらたんなる無駄遣いでしかありません。たんなる無駄遣いでしかない設備投資を14年、15年とやり続けているわけです。

現在、中国の銅の生産量は世界中の40％までになっています。実際のところ、そのほとんどは買い手がつかないので、倉庫に銅の現物を預けておいて、海外から資金を導入するための担保にする「中国式銅ファイナンス」という金融手法が生まれました。

鉄鉱石の大量輸入で中国の粗鋼生産量はものすごい勢いで上がり、いまや世界中の鉄鋼生産量の半分以上を中国が占めています。しかし、中国の製鋼所のおよそ3割は遊休していいます。それでも鉄鋼需要はまかなえてしまいます。中国国内で無理やり橋をつくり、道路をつくっているからなんとか7割稼働の状態を保っているだけです。

第5章

中央銀行は人類にとって必要か？

Q 中央銀行制度がなかった時代は、現在と比べて経済が不安定だったのでしょうか？

A

中央銀行がなかった時代には、金融自体による国民経済への深刻なマイナスが生じたケースはなかったと言えます。飢饉や戦争によって国民全体が貧しくなることはありましたが、金融政策によって国民が貧しくなるようになったのは、中央銀行制度ができて以来の独自現象です。

中央銀行はマネーストックの調節ができ、金利も調節できます。それらの調整ができるので、景気が悪くなると、政治的、社会的な圧力に中央銀行が対応してしまいます。景気の波は、大部分、放っておけば、自律的によくなりすぎれば悪くなり、悪くなりすぎればよくなるものなのです。特に悪くなりすぎたとき、無理やりよくしようとすると、その弊害は自然治癒の場合に比べて被害が大きくなり、国民全体が金融政策によって貧しくなることがありえます。実際に、現代社会はそういう状態になってしまいました。

景気がいい、悪いの波は、市場経済が存続するためには必要不可欠なものです。市場というものは、最終的には需要と供給が一致する量、一致する価格で全部がさばけるかたちになるはずですが、それはあくまでも形式論です。実際には、人は生まれて死に、時代はどんどん変わっていき、いままでになかったようなモノやサービスが生まれると同時に、それまで売れていたモノやサービスが消えていきます。最終的に落ち着くべき均衡点は不断に動いているわけです。

この動いている均衡点を前もって予測し、その均衡点に向けて、大きな波を小さな波に微調整するなどということは、これから発明されるモノの需要を予測できるかという話と同じです。そんなことは、できるはずがありません。

唯一の現実的な方向は、市場の動きに任せ、売れるモノの価格はだんだん高くなっていき、売れないモノの価格はだんだん安くなる。どんなに安くなっても売れないモノは、そのうち市場から消えていく。このような動きが日常的にないと、市場のメカニズムは働きません。

ところが中央銀行は、不景気のときになんとか景気を回復させようとして、本来消え去るべき産業や地域に無駄な資金を回し、本来抑制すべきではない爆発的な伸び方をしている産業を人為的に抑えつけるのです。自然に放置しておけば、景気の波はきれいなカーブを描くはずなのに、突発的、急激に上下する波にしてしまうのです。

Q

金融グローバル化時代の中央銀行の役割とは？

A

現在、たしかに金融のグローバル化が進んでいます。しかし、グローバル化して欲しくない分野までグローバル化させられたことの副作用の弊害のほうが、グローバル化によるプラスよりもはるかに大きいことが、いまほんとうにあちらこちらでわかりはじめているという気がします。

カネというものは、車輪や、自在に点けたり消したりできる火や、糸と縫い針などと並んで、人類が発明した偉大な道具の一つでしょう。でも、とても単純なもので、言語も文化もなに一つ持っていません。人間のさまざまな活動を、「結局、金銭に換算すれば、高いの？安いの？」という一元的な評価に集約してしまいます。

そういう意味で、カネは世界共通の価値を体現しているグローバリズムの象徴みたいなものです。グローバリズムとは、そこまで一元化した基準でむき出しの欲望と欲望がぶつかり合う世界をすばらしいと褒めそやす思想です。

でも、そこから抜け落ちてしまうものが多すぎます。このカネという便利な道具を使う人間、そのカネによって生み出されたり、交換されたりする、モノやサービスは各国固有のことば、文化、伝統を踏まえなければ、ほとんど意味のないものが大部分です。カネというまったくことばや文化の背景を持たないものが、人の動き、モノやサービスの動きをうまく調整できるかというと、これはそもそも無理です。

そういう意味では、世界中で人為的に膨れ上がりすぎた国家や共通通貨圏が、どんどん縮小していきます。

たとえば、今回のEU圏からのイギリスの離脱は、その一例です。ソ連邦という国家は、ロシア連邦を初めとする14、15の国家に分裂しました。ユーゴスラビアという国は、いまは7つか8つの国家に分裂しました。中国は当然のことながら、北京語（普通語）圏、上海語圏、福建語圏、四川語圏や広東語圏など、言語圏ごとに分裂するでしょう。

アメリカも旧奴隷州と旧自由州、山岳州、西海岸の4つに分裂してもおかしくはない時代になってきています。あまりにも大きな国家は、その背景となることばや文化、伝統がちがいすぎて、そもそも単一国家として機能しないので、どんどん分裂する時代になっていくでしょう。大国や超大国というものが、どんどん意味を失い、小さくても自分の固有の文化をしっかり守る国のほうが有利になる世の中に、きっとなると私は思います。

しかしながら、金融のグローバル化は進み続けるでしょう。それは仕方のないことですが、あたかもいいことであるように感じ、自分の商売までグローバル化する必要はありません。

英語が話せなくても日本人は日本国内で商売すればいいのです。「ふつうの生活をしている庶民でも、外国語の一つぐらい使いこなせなければ生存競争から脱落する」といったバカげた不安を煽る風潮は、一刻も早く終わらせるべきです。

世界単一中央銀行化の夢は、完全に消え去りました。Ｆｅｄ自身が自己保身のために、イギリスも日本もＥＣＢも置き去りにしようという世の中になってしまったわけですから、中央銀行のグローバル化は、もうありえなくなりました。

中央銀行は、その国のためにある機関です。世界のためにある機関ではありません。そもそも国王が自分の儲けや道楽、一番ひどい道楽が戦争ですが、そのためにつくった組織なわけですから。その中央銀行を世界単一の組織にしようなどという妄想は、世界最強の中央銀行であるＦｅｄも放棄しましたし、表面的には国際協調が順調に進んでいたように見えたＩＭＦや世銀でも、あちこちからほころびが広がっています。

Q　マイナス金利とは、どういう金融政策なのでしょうか？

A

マイナス金利の導入は、明らかに一線を踏み越えてしまった金融政策です。

バランスシートをきちんとつけていれば、企業はまずふつうの状態では健全でありうるし、企業が健全でなくなったときには、必ずバランスシートがおかしくなります。バランスシートによる企業の健康を診断するメカニズムが、もう完全に崩壊したと言ってもいいくらいに深刻な話なのです。

マイナス金利が導入された当初、楽観論を唱える人たちがいました。「10年債の国債でも1％やゼロ・コンマ何％になっている時代で、インフレ率が1％を越えていれば、実質金利はマイナスである。どうせ実質金利はマイナスになっているのだから、名目金利そのものが多少マイナスになったところで、マイナス幅が拡大するというだけだ。本質的な違いはない」という論調でした。

実際にECBや日本で、マイナス金利を導入したら、当然のことながら金融市場が大混乱しました。マイナス金利になったとき、多くの銀行がほんのわずかながらの名目上の稼ぎがあった資産について、保管料を取られて削られることになったからです。たとえ実質はマイナスでも、実際に国債を持っていれば、その国債に毎年毎年一定の金利がついていた世の中では、少なくともインフレによる元本の目減りを少しでも埋める機能を持っていたわけです。マイナス金利を導入した国で、国債が名目でさえもマイナスになってしまったことがどういう意味を持つかというと、国債を持っていると、インフレを埋め合わせる方向ではなく、そのインフレをさらに拡大する方向に毎年毎年、マイナス分の金利を差し引かれてしまうのです。元本がますます小さくなるわけです。

国債という債権を持っていたはずなのに、実質的には債務を持っているのと同じことになってしまいました。金利をもらえるのではなく、金利を払うわけですから、バランスシートの境界が、そこで崩れてしまったのです。これだけ債権を持っているから、債務に対して安全だという判断基準そのものが、いま揺らいでいるのです。

プラス0・1%だったものが、マイナス0・1%になったという程度では、どのくらい深刻な問題なのかはまだ見えてきませんが、プラス2%だったはずのものが、マイナス3%になるなどということになったら、「バランスシートで見て健全だから大丈夫」とは言えない世の中になってしまいます。

名目でさえも金利がマイナスになることの弊害は、想定よりもはるかに深刻な事態を招くことが、だんだん明らかになってくると思います。

Q

欧州のマイナス金利と日本のマイナス金利は性質が違うという指摘があります。ほんとうですか？

A

マイナス金利は、スイスやスウェーデンなどのユーロ圏に入っていないヨーロッパの国が先にはじめました。次にＥＣＢがやり、さらに日銀が乗った。最大の差は、細かい制度上の差ではなく、マイナス金利が適用される債券総額にあります。ＥＣＢがマイナス金利を導入したころまでは、実務上の影響はあまり深刻ではありませんでした。

世界各国で圧倒的に国債市場が大きいのは、アメリカと日本です。ヨーロッパ各国は、国債の発行残高そのものがそれほど大きくありません。マイナス金利になったところで、銀行のバランスシートに対する影響は大したことはなかったのです。

しかし、日本国債の発行残高はすさまじい額なので、それがマイナスになることの影響は甚大です。そんな債券は誰も買わなくなります。具体的な解決策としては、最終的に日銀が全部買い集めた上で債権放棄するしかないでしょう。それで日本国民がなんらかの被害を受けるかというと、大したことはないというのは、すでにご説明したとおりです。

要するにヨーロッパのマイナス金利と日本のマイナス金利は、インパクトがちがいます。

ヨーロッパでそれほど混乱は起きませんでしたが、日本でマイナス金利を導入したら、どれだけ被害が大きくなるか、いまだに見えていない人が日銀総裁をやっているわけです。

前述しましたが、まず日本で一番大きな銀行である三菱東京ＵＦＪが降りました。私が日本株を持っている外国人投資家だったら、日本株を一日も早く売って逃げださなくてはと思うでしょう。

Q Ｆｅｄの利上げに各国の金融機関が神経をとがらせているのはなぜですか？

A 今まで主要国の中央銀行が同じ方向を向いていたはずが、先にＦｅｄが独自路線を取り出しました。金利を上げると言いだしたのです。ところが、それもなかなかうまくいきません。Ｆｅｄでさえうまくいかないわけだから、他の国の中央銀行はとうてい、やろうとする意欲も能力もないでしょう。当然のことながら、日銀の黒田総裁が大きく舵を切るとも思えません。

Ｆｅｄにはまだ、やろうと思えば利上げはできるぞという構えを見せるだけの余裕があります。そのことによって、信用市場（債券市場一般のことも指しますが、とくに短期債券市場のことを信用市場というケースが多いようです）から信用が消え失せ、突然ありとあらゆる債券の価格は暴落、金利は急上昇という事態に陥ることを未然に防ごうとしているのです。そんなことになったら、世界中の借金の大きな企業や個人家計がいっせいに自己破産申請をすることにもなりかねません。

世界3大中央銀行の中で、Ｆｅｄだけはまだ金利の暴騰を防ぐための、小口の利上げをする構えだけはあります。でも、実際にできるかどうかとなると、政策会合のたびに、「こんな特殊要因があった」、「あんな突発事故が起きた」と言って利上げのスケジュールを引き延ばしつづけています。

日銀や欧州中銀にいたっては、「利上げをするぞ」というブラフ（はったり）をかけることさえむずかしいでしょう。かけたとしても、市場にせせら笑いとともに無視されるだけに終わる可能性が高そうです。

結局、中央銀行という仕組みそのものが機能しなくなっているのです。もともと初めから悪い方向に機能していたので、機能しなくなってきたのは喜ぶべきことですが。

Q では、中央銀行は今後、どうあるべきでしょうか？

A

基本的には余計なことをしないことです。通貨発行業務を粛々と行うだけで、金利さえ市場の実勢に任せるのが無難でしょう。大手銀行で、きちんとした資産を持っているので取り付け騒ぎなど起きないという自信があるところなら、どこでも通貨を発行できるようにし、通貨もオープンな市場経済で競争させれば、それが一番いいと思います。

「三菱東京ＵＦＪ券とみずほ銀行券、あなたはどちらを使いますか」という世界です。各銀行が発行した券の価値が違えば、より高いほうを人々は使うでしょう。通貨発行をやめたほうが得だと思えるほど健全な銀行券に対する割引率が高くなってしまった銀行は、財務改善の努力をするでしょう。

そのほうが世の中はうまくいくと私は思います。その場合、信用の裏付け、担保がないといけません。それには、やはり金《きん》が一番妥当ではないでしょうか。

Q 主要国の中央銀行は世界をどこへ向かわせようとしているのですか？

A

結局、世界的な金融危機が頻発し、主要国の各中央銀行がまったく機能しない状況が続いています。昔は、彼らも金融政策で自国や世界を変えられるという幻想を抱いていたのでしょう。そして、大きな失敗を重ねてきた。最近ようやく、自分たちにできることは市場についていくことだけではないかと疑いはじめたようです。

実は一貫して幻想を抱いていたにすぎないのですが、なかなかそれが理解できない連中が中央銀行を運営してきたわけです。世界中どこでもエリートの専門家たちは自分の能力に対する過信があり、世の中をもっとよくできると思い込んでいたのです。70年、80年の年月が経ち、その過信のメッキも剝がれはじめた。中央銀行が経済をコントロールできるなどということは実はウソだと気づきはじめたのがFedであり、まだ気づいていないのがECBのドラギ総裁であり、日銀の黒田総裁だということです。

安倍首相は、日銀をコントロールできると考えているでしょう。「しっかり俺の言うことを聞くやつを総裁にしてやったから、大丈夫だろう」と、いまだに思っているかもしれません。

かくも長き金融緩和政策の逆効果

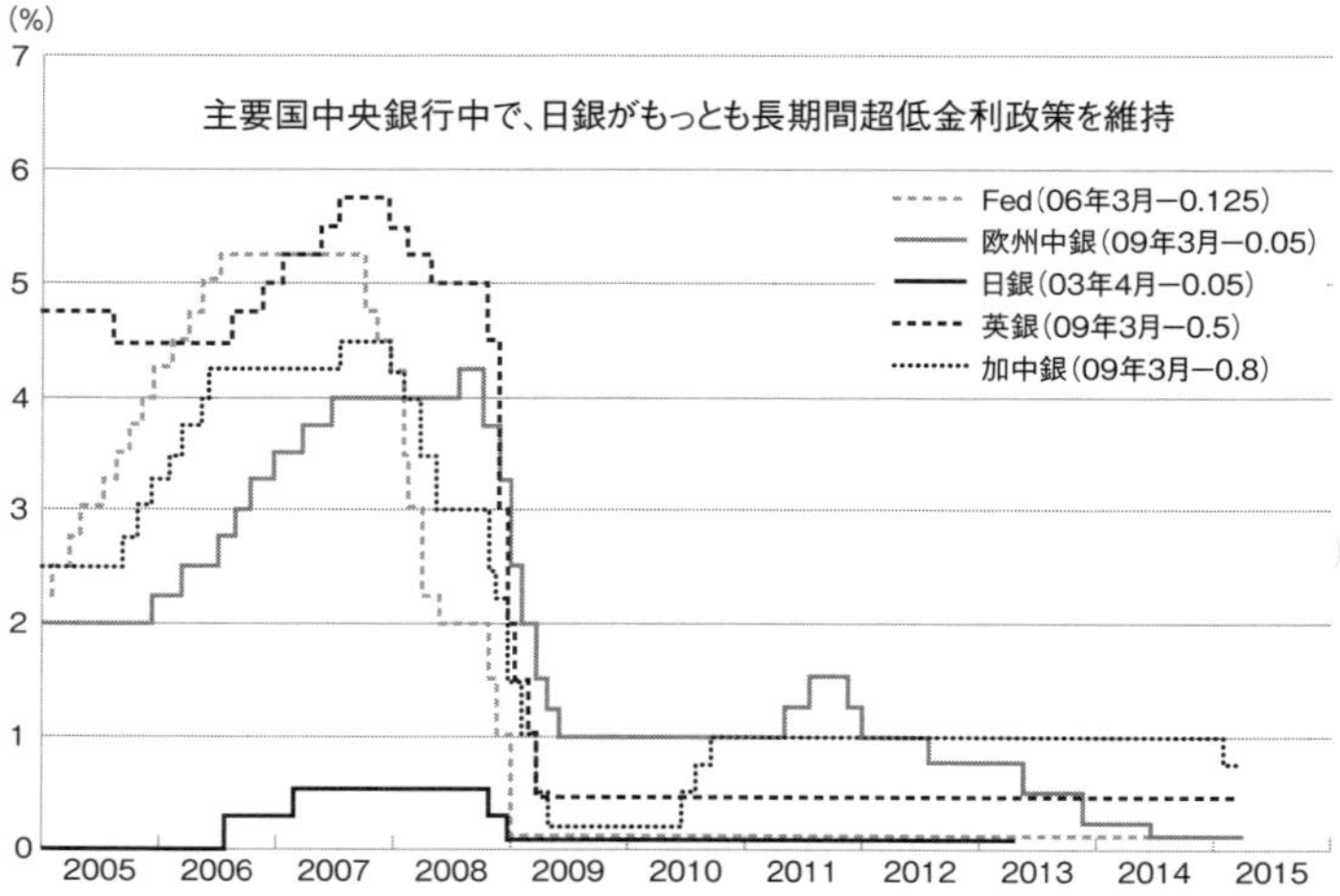

日本の実質GDP成長率（四半期ベース、年率換算）

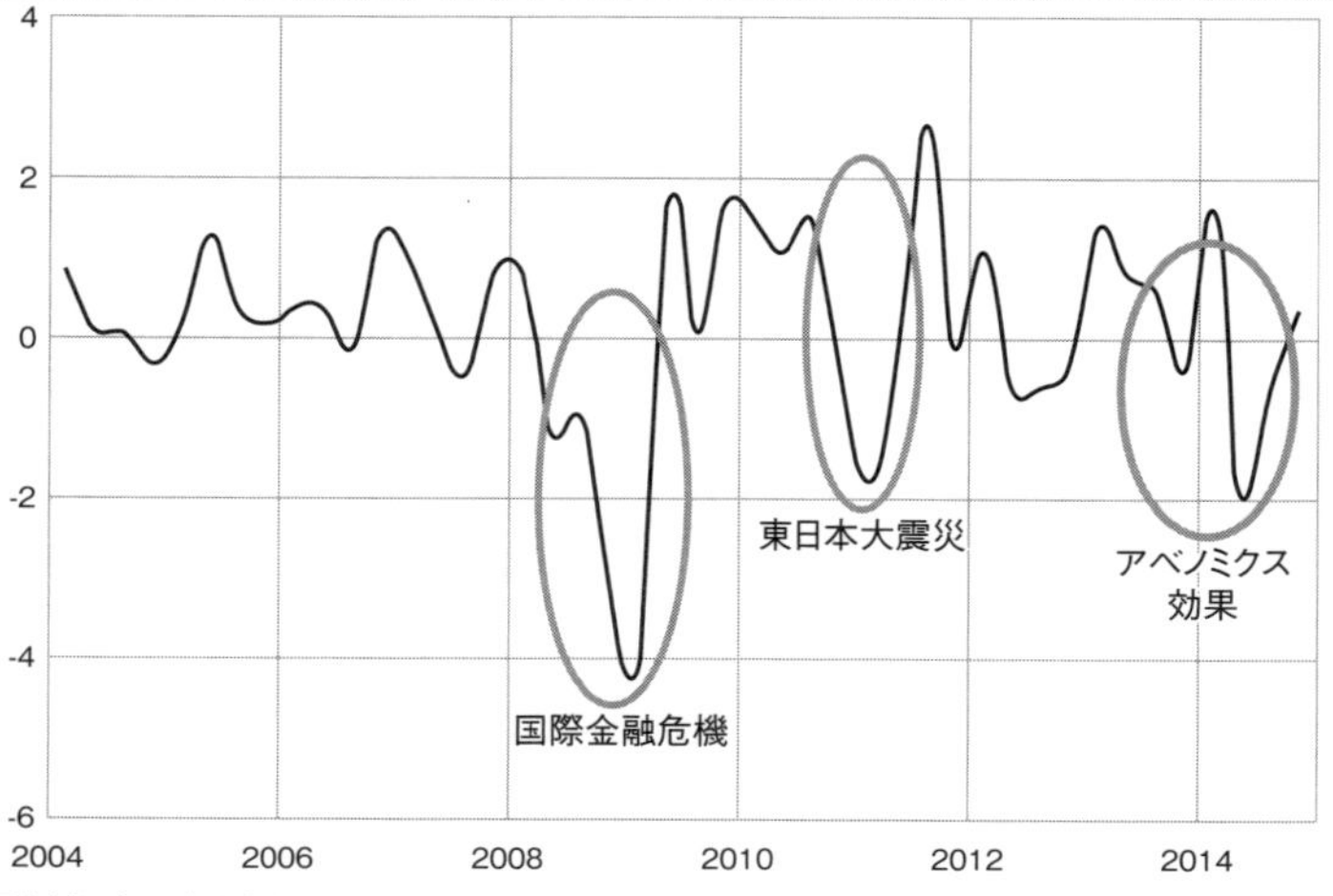

原資料：各国中央銀行、日本国内閣府、Trading Economics,Haver Analytics
出所：（上）ウェブサイト『Seeking Alpha』、2015年4月10日、（下）『Trading Economics』4月15 日のエントリーより引用

ですが、実体経済は正直です。ＧＤＰ成長率自体は、安倍政権になってからよりも民主党時代のほうが実はよかったのです。ではアベノミクスとはなんだったのか。金融政策にしても、財政政策にしても、完全に零点以下、つまりマイナスでした。第3の矢と称している構造改革や規制緩和、規制撤廃にいたってはまったく「お話」だけで、なに一つ実績がありません。

もう一つ、具体的な数値で、日本経済に対する評価がどこまで下落しているかという証拠をお見せしましょう。安倍内閣・黒田日銀体制になってから困るのは、ほとんど「情報鎖国」状態になっていて、従来であれば当然のように国内の大手マスコミも報道していた日本経済に関するネガティブなニュースが全然入ってこないことです。

改めて2016年上半期の金融市場をふり返ると、ショックに次ぐショックに振り回されっぱなしの半年でした。その口火を切ったのが、1月末の日銀によるマイナス金利導入です。日本株はこのニュースが報道された直後だけ急騰しましたが、その後2月前半に至る大暴落を演じました。

次の波乱は、マイナス金利導入がだれにでもわかる大失敗だったからこそ、当然なんらかの金融市場救済策を講ずるだろうと思われていた日銀が、4月末の政策会合でなに一つあたらしい政策を打ち出さず、様子見を続けると表明したことです。日銀首脳陣が「どんな手を

世界主要8株価指数のベア相場への到達／接近度比較

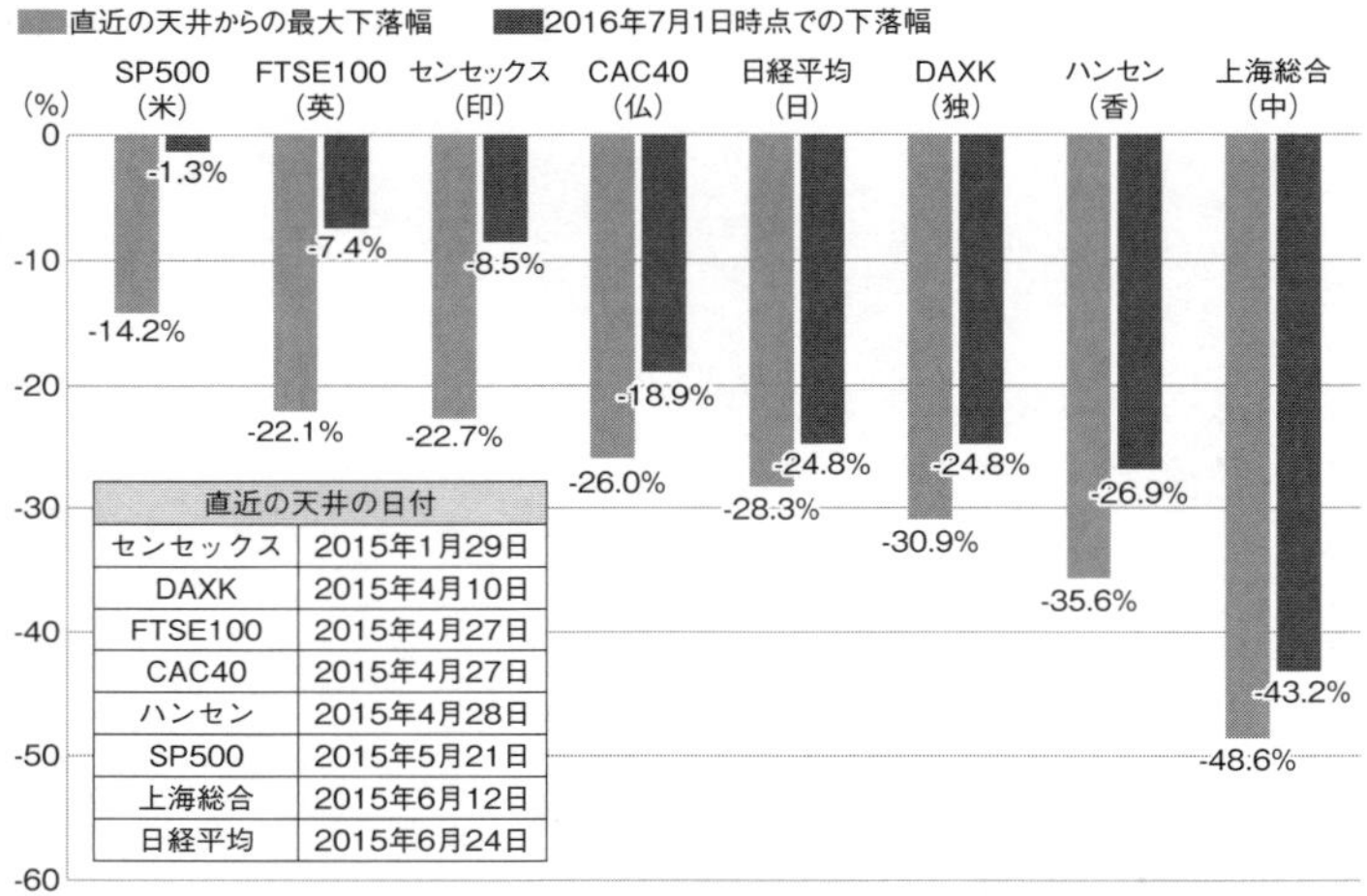

直近の天井の日付	
センセックス	2015年1月29日
DAXK	2015年4月10日
FTSE100	2015年4月27日
CAC40	2015年4月27日
ハンセン	2015年4月28日
SP500	2015年5月21日
上海総合	2015年6月12日
日経平均	2015年6月24日

出所：ウェブサイト『dshort.com』、2016年7月2日のエントリーより引用

講じようと、どうせ当初の上げ幅の2倍か3倍の反落がやってくるのなら、座して金融市場がじり貧化するのを見守ろう」というほど達観していたとも思えません。単純に手詰まりだったのでしょう。

そして6月も下旬に入って、直前予想では残留派有利とされていたイギリスのEU離脱に関する国民投票が、意外にも離脱が多数を占める波乱の展開となりました。ところが6月24日以降の世界各国の株式市場の動向を見ると、最大の被害を受けたのはヨーロッパの政治・社会情勢からはかなり隔離されている日本で、次に被害が大きかったのは中国でした。

上のグラフは、世界の主要8株価指数の直近の天井から今年上半期までのパフォーマンスです。各株価指数の左側が天井から大底までの下落率で、右側が天井から7月1日までの下落率です。それぞれの株価指数が天井を打った時期は、インドのセンセックス指数だけがやや早めの2015年1月で、それ以外はすべて2015年の4～6月です。

株式市場関係者のあいだには、直近のピークからの下げ幅が10%未満であればとくに心配するほどの下げではないが、10～20%の下げとなるとベア（弱気）相場警戒水域、そして20%を超えるとベア相場という共通認識があります。

しかも今年年初来の変動率では、日経平均が17・61%の下落で、2位上海総合の17・14%を鼻の差で抑えて下落率首位です。世界の株式市場は、「日本株はもうベア相場に入ったし、実体経済は資源浪費バブルが崩壊した中国より悪い」と見ているのです。

Q 中央銀行の未来像に、現在の日銀の姿は入ってきますか?

A

まったく視界から消え去っていますね。

ここまで、中央銀行はなくてもいいものだと話してきました。なくてもいいけれど、一応あったほうが安心できる人が多いうちは、形式的に存続させたほうがいいのでしょう。

ただ、中央銀行がきちんと仕事をすれば、世の中の経済問題はだいたい解決できるという幻想を抱き、むやみに動き回っていただきたくはありませんが。

1817年にアメリカの議会で承認された中央銀行である第二合衆国銀行は、初めから免許の継続期間が20年と決められていました。設立から20年後に、改めて存続の可否を決める。これはすばらしい発想です。日本も複数の銀行がそれぞれの銀行券を発行することに対する国民の混乱や動揺が怖ければ、過渡的な措置として10〜20年単位で三菱東京UFJ、みずほ、三井住友と中央銀行が替わっていってもいいかもしれません。10年から20年は1行に任せ、それを輪番なり、入札なりで担当させればいい。その程度のずさんな選び方で十分です。となると、通貨の発行量についても、出口を常に意識して政策を行わなくてはならないので、無謀なことはやれなくなります。永遠に持続させるためには、なるべく堅牢なものをつくるべきだという発想は、世界中どこにでもありますが、伊勢神宮や出雲大社のように20年に一度なり、60年に一度なり、建て替えれば永遠に続くという発想は、日本ならではのものです。20年に一度遷宮しつづける伊勢神宮型中央銀行というのは、いいかもしれません。

通貨発行を独占する仕組みが、さまざまな弊害を噴出させています。輪番制にしても問題が完全に解消しないのはまちがいありませんが、弊害が緩和できそうな感じはします。少なくとも、マイナス金利のような愚劣きわまる政策が出る幕はないでしょう。

おわりに

本文をお読みいただいた方々はお気づきでしょうが、この本は中央銀行に関するさまざまなご質問にお答えする「Q&A」というかたちをとりながら、近現代世界史の副読本としてもお読みいただけるように工夫して、書いてみました。それも、近現代世界「経済」史という限定付きではなく、丸ごと近現代世界史としての副読本です。

というのも、つね日ごろから私には、日本でふつうに教えられている近現代世界史が、あまりにも一方的に勝者の立場を正当化する論理で書かれてきたのではないかという不満があったからです。世界経済における覇権の変遷は、決してきれいごとではありません。イギリスが、西欧諸国の中でいち早く近代市場経済・近代機械制工業生産を確立するについて、とりわけイングランド銀行とならぶ独占企業だった、東インド会社によるインド植民地経営や、南海会社によるラテンアメリカ諸国への奴隷納入権は、大きな役割を果たしました。

ヨーロッパ列強が消耗戦で国力を弱めるような大戦争をさせるというアメリカの国策は、1913年に連邦準備制度が創設されるまでは失敗の連続でした。アメリカがヨーロッパの交戦国に巨額の借款を用立てることができる資金調達力を確保すると同時に、わずか30～40

年間のうちに二度の世界大戦が起きたのです。日本の読者の方々には、アメリカのあれやこれやの個人や組織ではなく、国策としてアメリカがそうした暗い野望を抱きつづけていたというのは、とても納得しにくいことだと思います。

しかし、世界でも一、二を争うほど早くヨーロッパ系の入植者たちが宗主国軍を追い出して独立したアメリカは、植民地時代の利権集団がそのまま「自己宗主国化」を達成してしまったため、「利権集団の、利権集団による、利権集団のための政治」が延々とまかりとおってきた国です。さらに、第二次世界大戦後は政治家と企業・業界団体とのあいだの贈収賄が、連邦議会に登録し、四半期ごとに財務諸表を開示しているロビイストを通じてなら、正当で合法的な政治活動と見なされる国でもあります。アメリカはまた、1930年代初頭から実に1974年まで、40年以上にわたってアメリカ国民の金保有・取引・輸出入を全面的に禁止するというデタラメな財産権の侵害を平然とやりつづけてきた国です。

私には、これから世界史を学ぶみなさんにも、できたらこれぐらいに勝者の論理からは隠しておきたい実態を参考資料として掻き集めてきた本を、正統派の世界史教科書と読み比べながらご自分の判断を形成していただきたいという願望があります。

このタイムリーでおもしろい企画をお持ち込みいただいたビジネス社の唐津隆社長、そして鋭いご質問でいろいろ泥縄式の勉強をさせてくださった本書編集ご担当の岩谷健一さんにお礼を申し上げます。

プロイセン・オーストリア戦争がたった2ヵ月で終わってしまった1866年から150年、アメリカでロビイスト規制法という名の贈収賄合法化が可決した1946年から70年、ハンガリー動乱によってソ連・東欧圏で最初の亀裂が露呈した1956年から60年、三菱銀行と東京銀行が合併して、当時民間銀行としては世界最大の資金量を誇る東京三菱銀行が発足した1996年から20年の、

2016年8月盛夏の吉き日に

増田悦佐

著者略歴

増田悦佐（ますだ・えつすけ）

1949年東京都生まれ。一橋大学大学院経済学研究科修了後、ジョンズ・ホプキンス大学大学院で歴史学・経済学の博士課程修了。ニューヨーク州立大学助教授を経て帰国、HSBC証券、JPモルガン等の外資系証券会社で建設・住宅・不動産担当アナリストなどを務める。現在、経済アナリスト・文明評論家。近著に『戦争とインフレが終わり激変する世界経済と日本』（徳間書店）、『ピケティ「21世紀の資本」を日本は突破する』（ビジネス社）、『いま、日本が直視すべきアメリカの巨大な病』（ワック）など。

中央銀行がわかれば世界経済がわかる

2016年9月2日　第1刷発行

著　者　増田悦佐

発行者　唐津　隆

発行・発売　株式会社ビジネス社

〒162-0805　東京都新宿区矢来町114番地 神楽坂高橋ビル5階
電話　03(5227)1602　FAX　03(5227)1603
http://www.business-sha.co.jp

〈カバーデザイン〉大谷昌稔　〈本文組版〉エムアンドケイ
〈印刷・製本〉大日本印刷株式会社
〈編集担当〉岩谷健一　〈営業担当〉山口健志

ISBN978-4-8284-1906-0